行政执法人员培训教材

《行政处罚法》通识十讲

胡建淼 著

法律出版社
LAW PRESS · CHINA

胡建淼

中央党校（国家行政学院）一级教授、博士生导师、专家工作室领衔专家。中国法学会常务理事兼学术委员会委员，中国行政法学研究会顾问，中国行为法学会副会长兼行政法治研究会会长，最高人民法院特邀咨询员和案例指导工作委员会委员，最高人民检察院专家咨询委员，北京市人大代表和法制委员会成员，北京市法官检察官惩戒委员会主任。

1957 年 11 月生于浙江省慈溪市，1989 年 7 月毕业于中国政法大学研究生院，曾任杭州大学副校长、浙江大学副校长、浙江工商大学校长、国家行政学院法学部主任。1993 年起享受国务院“人民政府特殊津贴”，1995 年被评为中国首届十大“杰出青年法学家”，1997 年入选国家百千万人才工程。

长期从事宪法与行政法研究，自 1990 年以来，曾到美国斯坦福大学、英国爱丁堡大学、澳大利亚西澳大学、德国基尔大学、法国马赛大学等作过访问学者或学术交流。自 1987 年来，共出版著作 100 余部（含合著），发表论文 100 余篇（含合著）。

2011 年 3 月 28 日在中央政治局讲解《推进依法行政和弘扬社会主义法治精神》。

自　序

行政处罚,是我国行政机关行政执法的主要手段,是一种最为常见的行政行为。我国百分之九十左右的行政机关具有行政处罚权,行使过或正在行使行政处罚权。

集中统一规定行政处罚行为的法律,就是《中华人民共和国行政处罚法》(以下简称《行政处罚法》)。它于1996年由第八届全国人民代表大会第四次会议通过,后经2009年和2017年修正。2021年1月22日第十三届全国人民代表大会常务委员会第二十五次会议通过了《行政处罚法》修订草案,对《行政处罚法》作了全面的修订。和前两次不同,这次不是技术上的"小修(改)",而是内容上的"大修(改)"。修订后的《行政处罚法》将于2021年7月15日起实施。

这次修订,虽然整个法律的结构没有变化,新法旧法都是8章,但是条文从原来的64条变成86条,新增加了22个条文。修订所涉条文,有70条之多,还不包括技术性和字面上的改动。从内容上看,修订的内容包含但不限于12项:(1)突出教育,增加温度，强调公正文明执法；(2) 增设“行政处罚”概念，走向实质认定行政处罚行为；(3) 增补行政处罚手段，完善行政处罚种类；(4) 扩大对行政处罚的设定权限，提高行政处罚的效率；(5) 推进综合执法和行政处罚权下移，落实行政执法体制改革；(6) 引进行政执法“三项制度”，完善行政处罚程序；(7) 确认和规范电子技术手段在行政处罚中的应用；(8) 修改行政处罚时效制度，遏制严重的违法行为；(9) 细化行刑衔接制度，阻止“以行代刑”或“以刑代行”；(10) 完善行政处罚无效制度，严格区别违法与无效的界限；(11) 明确法律适用规则，强调对外国组织和外国人的适用力；(12) 明确应急状态下的处罚原则，有效衔接《突发事件应对法》。

《行政处罚法》的修订，完善和丰富了我国的行政处罚制度和理论，推动了行政处罚制度的进步和理论的成熟，同时，它向行政执法机关及其执法人员实施行政处罚提出了新的要求。为了配合行政执法机关在新修订的《行政处罚法》生效之后及时适应新的修改规定，为了配合行政执法人员及时学习和掌握新修订的《行政处罚法》基本知识，同时为了结合“八五普法”向人民群众宣讲新修订的《行政处罚法》，本教材得以编写。

教材按照讲座体例设计和编排，共设十讲。第一讲：《行政处罚法》作了哪些修改？第二讲：《行政处罚法》确立了哪些原则？第三讲：《行政处罚法》怎样适用？第四讲：怎样辨别行政处罚行为？第五讲：行政处罚有哪些手段和种类？第六讲：什么

“法”可以设定行政处罚？第七讲:谁有权实施行政处罚？第八讲:如何实施行政处罚？第九讲:哪些行政处罚违法或无效？第十讲:不服行政处罚如何申请复议和提起诉讼?

本教材具有及时性、完整性、通俗性、一致性等特点。它是《行政处罚法》修订之后新编写的教材,完全以新修订的《行政处罚法》为依据;它全面完整系统地介绍了行政处罚法的基本知识,从概念到原则,从实体到程序,具有知识结构上的完整性;它以执法人员作为主要对象,以讲座的方式、通俗的表达,全面宣讲新《行政处罚法》的基本知识;它由一位作者独著编写,保证了全书逻辑顺畅、思维连贯、内容观点一致、各讲之间无缝衔接。但由于时间匆忙,恐有不全、不准之处,请大家批评指正。

胡建淼

2021年2月16日

于中央党校(国家行政学院)专家工作室

目　录

第一讲

《行政处罚法》作了哪些修改？

行政处罚并不陌生

行政处罚是国家实施行政执法的重要方式,是行政机关实施国家行政管理的重要手段,是人们最常见的行政行为之一。大多行政机关及其执法人员都拥有并实施过行政处罚权,它和广大人民群众的切身利益密切相关。行政处罚的结果无不导致被处罚的公民、法人或者其他组织的人身权、财产权、声誉权被剥夺或被限制。不少公民和企业在生活和经营中受到过这样或那样的行政处罚,最普遍的是交通罚款和工商管理处罚。所以,我们对行政处罚并不陌生。

《行政处罚法》制定和修改

集中统一规定行政处罚行为的法律,就是《行政处罚法》。它于 1996 年由第八届全国人民代表大会第四次会议通过,后经 2009 年和 2017 年两次小的修正。

第一次修正是 2009 年。2009 年 8 月 27 日第十一届全国人民代表大会常务委员会第十次会议《关于修改部分法律的决定》第一次修正了《行政处罚法》。第二次是 2017 年。2017 年 9 月 1 日第十二届全国人民代表大会常务委员会第二十九次会议《关于修改〈中华人民共和国法官法〉等八部法律的决定》第二次修正了《行政处罚法》。但就内容而言,这两次修改都属于技术性和表述上的修改,没有对内容作实质性修改。因而可以说,《行政处罚法》自1996年制定以来,在内容上没有作过实质性修改。

《行政处罚法》实施25年来,一方面,它对于维护社会法律秩序,推进行政机关依法行政,规范行政机关依法适当实施行政处罚,保护公民、法人或者其他组织的合法权益,起到了很好的作用,积累了许多宝贵经验;另一方面,执法实践中也遇到了一些新困难,提出了一些新问题,亟待研究和解决。特别是党的十八大以来,以习近平同志为核心的党中央推进全面依法治国,深化行政执法体制改革,建立权责统一、权威高效的行政执法体制,完善行政执法程序,坚持严格规范公正文明执法。随着全面深化改革的推进,急需将改革的成果吸收到法律中来,有些法律规定经实践证明需要进行调整。为贯彻落实党中央重大改革决策部署,推进国家治理体系和治理能力现代化,加强法治政府建设,完善行政处罚制度,解决执法实践中遇到的突出问题,有必要修改行政处罚法。

2021年1月22日第十三届全国人民代表大会常务委员会第二十五次会议通过了《行政处罚法》修订草案,对《行政处罚法》作了全面的修订。和前两次不同,这次不是技术上的“小修(改)”,而是内容上的“大修(改)”。

修订后的《行政处罚法》将于2021年7月15日起实施。

2021年的修订内容

那么,这次《行政处罚法》作了哪些重大修订?新法对旧法到底有哪些改动呢?

从宏观上看,正如全国人大常委会法工委行政法室负责人所说,这次修订是把党的十八大以来全面依法治国、深化行政执法领域改革的重要成果落实到法律中;此次修改的"最大亮点"就是贯彻党中央重大改革决策部署,推动行政处罚制度的进步。

从结构和条文上看,虽然整个法律的结构没有变化,新法、旧法都是8章,但是条文从原来的64条增加到86条,新增加22个条文。修改所涉条文有70条之多,还不包括技术性和字面上的改动。

从内容上看,这些修订的内容包含但不限于十二项。

突出教育、强调文明执法

第一项,突出教育,增加温度,强调公正文明执法。

一看《行政处罚法》这一法规名称,人们就容易想当然地以为这是一个"加强行政处罚"的法律;这次对《行政处罚法》进行全面修订,又想当然地以为是对行政处罚的"全面加码"。这是一种片面性的误解。新旧《行政处罚法》第1条就表明,《行政处罚法》的立法目的既要保障又要监督行政机关有效实施行政管理;既要维护公共利益和社会秩序,又要保护公民、法人或者其他组织的合法权益。这次修订,是在原有立法目的的基础上,重点突出教育、体现人性,要求处罚既有力度又有温度,强调公正文明执法。这一项修改主要体现在:

1. 继续确立教育和处罚相结合原则。《行政处罚法》第 6 条规定:“实施行政处罚,纠正违法行为,应当坚持处罚与教育相结合,教育公民、法人或者其他组织自觉守法。”这一原则排除单纯的处罚主义,不能为了处罚而处罚,确立正确的指导思想,处罚的目的是让公民、法人或者其他组织自觉守法。

2. 严格要求执法人员公正文明执法。《行政处罚法》第 42 条规定:“行政处罚应当由具有行政执法资格的执法人员实施。执法人员不得少于两人,法律另有规定的除外。执法人员应当文明执法,尊重和保护当事人合法权益。”这是这次修订新增加的内容,提高了对执法人员的要求,强调文明执法,着力保护公民、法人或者其他组织的合法权益。

3. 确立轻微不罚、初次不罚、无错不罚。轻微不罚,是指依据《行政处罚法》第 33 条第 1 款第 1 句规定,对于“违法行为轻微并及时改正,没有造成危害后果的,不予行政处罚”。初次不罚,是指依据《行政处罚法》第 33 条第 1 款第 2 句规定,“初次违法且危害后果轻微并及时改正的,可以不予行政处罚”。无错不罚,是指依据《行政处罚法》第 33 条第 2 款规定,“当事人有证据足以证明没有主观过错的,不予行政处罚。法律、行政法规另有规定的,从其规定”。这三种“不罚”,有的属于“不予处罚”(如轻微不罚和无错不罚),有的属于“可以不罚”(如初次不罚),但都是为了突出教育功能,能够通过教育实现法治目的的,就尽量不罚或者少罚。

4. 当事人履行处罚决定经济上有困难的,可以变通履行。新修订的《行政处罚法》增加第66条第2款规定:“当事人确有经济困难,需要延期或者分期缴纳罚款的,经当事人申请和行政机关批准,可以暂缓或者分期缴纳。”这体现了人性执法,增加执法中的温度,有利于建设和谐社会。

□ 增设“行政处罚”概念

第二项,增设“行政处罚”概念,走向实质认定行政处罚行为。

世界上不少国家的立法,一定要对法律所调整的主题概念进行界定,因为概念的确定性和准确性有助于决定整个法律的确定性和准确性。在现实中,任何概念都存在一定的不确定性、模糊性,这一现实无法改变。但我们需要做的是,每个法律一定要表明该法律所规制的主题概念是什么。中国从21世纪以来,大多法律都已开始为主题概念下定义了。

我国在规制行政行为方面有三个基本法,即《行政许可法》《行政处罚法》《行政强制法》。《行政许可法》对“行政许可”下了定义;《行政强制法》不仅对“行政强制”作了解释,而且还对作为它的组成部分的两大基本行为,即“行政强制措施”和“行政强制执行”下了定义。唯独《行政处罚法》没有对“行政处罚”下定义。因为在三个行政行为的基本法中,1996 年的《行政处罚法》是制定得最早的行政行为基本法,当时人们还不习惯于在法律中下定义。《行政许可法》是 2003 年制定的,《行政强制法》是 2011 年制定的,这时人们已习惯于在立法中下定义了。

2006 年的《行政处罚法》没有对“行政处罚”这一主题概念下定义,造成了人们往往从“名称”形式上去认定行政处罚行为,如“警告”“罚款”“没收”“行政拘留”等就是行政处罚,不用这些名称的,就不被认定为“处罚”。这就造成有的行政机关对一些特别的行政处罚,冠以非行政处罚名称而逃脱《行政处罚法》的约束。这样就导致不少新形式的处罚,如“罚岗”“游行示众”“参加强制性学习班”等,被冠以“教育措施”和“体验措施”而不受《行政处罚法》的约束。

这次修订增加了关于“行政处罚”的定义,引导人们从实质上辨别行政处罚行为。《行政处罚法》第 2 条规定:“行政处罚是指行政机关依法对违反行政管理秩序的公民、法人或者其他组织,以减损权益或者增加义务的方式予以惩戒的行为。”这就是说,无论形式和名称是什么,只要为了制裁当事人的违法行为,要求他承受减损权益或者增加义务的不利后果,就属于行政处罚,不论在名称上是否标有“行政处罚”。这就全面准确地把握了“行政处罚”的内涵与外延,真正把握了“行政处罚”的法律特征。

□ 增加手段,完善分类

第三项,增加行政处罚手段,完善行政处罚分类。

行政处罚的手段和种类,是行政处罚设定的基础。对行政处罚的设定,重点是对行政处罚手段和种类的设定。原《行政处罚法》第8条对行政处罚手段和种类的规定暴露了两个问题:一是没有把处罚的基本手段列全;二是把处罚手段与处罚种类混为一谈,更没有把手段和种类有机结合起来。新《行政处罚法》第9条规定:“行政处罚的种类:(一)警告、通报批评;(二)罚款、没收违法所得、没收非法财物;(三)暂扣许可证件、降低资质等级、吊销许可证件;(四)限制开展生产经营活动、责令停产停业、责令关闭、限制从业;(五)行政拘留;(六)法律、行政法规规定的其他行政处罚。”这一规定较之原先的规定,有很大改进。

首先,它增补了不少处罚手段,如通报批评、降低资质等级、限制经营、限制从业、责令关闭等。这些常见的处罚手段在原先的条文中没有反映出来,而在现实中比较普遍。

其次,把手段和理论上的分类结合起来。理论上把行政处罚分为人身罚、财产罚、行为罚、资格罚、申诫罚(声誉罚),并且人身罚是最高罚,申诫罚是最轻罚。新法第9条所列处罚手段正好和种类相对应:

第一类,警告、通报批评。这属于申诫罚。

第二类,罚款、没收违法所得、没收非法财物。这属于财产罚。

第三类,暂扣许可证件、降低资质等级、吊销许可证件。这属于资格罚。

第四类,限制开展生产经营活动、责令停产停业、责令关闭、限制从业。这属于行为罚。

第五类,行政拘留。这属于人身罚。

第六类,法律、行政法规规定的其他行政处罚。这属于其他罚。它根据具体内容,可以被定性为上述五类处罚(申诫罚、财产罚、资格罚、行为罚、人身罚)中的一种处罚。

由此实现了处罚手段和处罚种类的有机结合。

□ 扩大设定权限

第四项,扩大行政处罚的设定权限,提高行政处罚的效率。

行政处罚必须依法设定,接着才是依法实施。依法设定是依法实施的前提和基础。原《行政处罚法》规定,行政处罚必须由法律、行政法规、地方性法规和规章设定,并对它们之间的设定权限作了划分。具体设定权是这样划分的:(1)法律可以设定任何行政处罚,限制人身自由的处罚只能由法律设定。(2)行政法规可以设定除限制人身自由处罚以外的行政处罚。(3)地方性法规可以设定除限制人身自由、吊销企业营业执照两种处罚以外的行政处罚。(4)规章只能设定警告和一定数额的罚款。

这样规定的目的主要是防止法规和规章随意设定行政处罚,侵犯公民、法人或者其他组织的合法权益。但是《行政处罚法》实施20多年来,地方普遍感觉这样设定对地方性法规的限制过于严格,不利于发挥地方性法规在地方治理中的作用。行政法规也有类似情况。这次修订,对行政法规和地方性法规的设定权作了适度扩大,以增强行政处罚制度的活力。

新修订的《行政处罚法》第11条第3款规定:"法律对违法行为未作出行政处罚规定,行政法规为实施法律,可以补充设定行政处罚。拟补充设定行政处罚的,应当通过听证会、论证会等形式广泛听取意见,并向制定机关作出书面说明。行政法规报送备案时,应当说明补充设定行政处罚的情况。"第12条第3款又规定:"法律、行政法规对违法行为未作出行政处罚规定,地方性法规为实施法律、行政法规,可以补充设定行政处罚。拟补充设定行政处罚的,应当通过听证会、论证会等形式广泛听取意见,并向制定机关作出书面说明。地方性法规报送备案时,应当说明补充设定行政处罚的情况。"

显然,这里增加了行政法规对法律、地方性法规对法律和行政法规的补充设定权。同时,为了防止行政法规和地方性法规超越职权滥设行政处罚侵害行政管理相对人的合法权益,新修订的《行政处罚法》还规定,行政法规和地方性法规拟补充设定行政处罚的，应当通过听证会、论证会等形式广泛听取意见，并向制定机关作出书面说明。地方性法规报送备案时，应当说明补充设定行政处罚的情况，这是一种监督措施。

□ 综合执法和处罚权下移

第五项，推进综合执法和行政处罚权下移，落实行政执法体制改革。

防止“九龙治水”，推进交叉领域的综合执法，这是行政执法体制改革的方向。2018 年中共中央《深化党和国家机构改革方案》要求：深化行政执法体制改革，统筹配置行政处罚职能和执法资源，相对集中行政处罚权，合理配置执法力量。一个部门设有多支执法队伍的，原则上整合为一支队伍。推动整合同一领域或相近领域执法队伍，实行综合设置。为此，新修订的《行政处罚法》第 18 条第 1 款增设规定：“国家在城市管理、市场监管、生态环境、文化市场、交通运输、应急管理、农业等领域推行建立综合行政执法制度，相对集中行政处罚权。”

另外，行政处罚实施权向基层延伸，推动了执法重心的下移。原《行政处罚法》第 20 条规定，行政处罚由县级以上地方人民政府具有行政处罚权的行政机关管辖。这把处罚权限制在“县级以上”。据此，乡镇人民政府和街道办事处不享有行政处罚的实施权。之所以将行政处罚的实施权只授予县级以上地方人民政府及主管部门行使，而不授予乡镇人民政府和街道办事处行使，主要是因为县级以上人民政府及主管部门具有专业人员、专门知识和专业技能，也具有较完善的执法设备和技术条件。但在实践中发现，乡人民政府、镇人民政府和街道办事处是最基层的政府机关，往往是最早、最直接发现违法行为的机关。它们一概没有处罚权，会造成“看得见的管不着”和“管得着的看不见”的状况。这次修订，将行政处罚权适度地延伸至乡镇和街道，就解决了这一矛盾。

新修订的《行政处罚法》第 24 条规定，省、自治区、直辖市根据当地实际情况，可以决定将基层管理迫切需要的县级人民政府部门的行政处罚权交由能够有效承接的乡镇人民政府、街道办事处行使。承接行政处罚权的乡镇人民政府、街道办事处应当加强执法能力建设，按照规定范围、依照法定程序实施行政处罚。

当然，《行政处罚法》并没有直接授权乡镇人民政府、街道办事处行使行政处罚权，而是授权省、自治区、直辖市人民政府可以决定将某些行政处罚权下放到基层。所以，不能认为到 2021 年 7 月 15 日之后，乡镇人民政府和街道办事处就理所当然地具有行政处罚权了。乡镇人民政府和街道办事处最终是否具有行政处罚权，还须依照新修订的《行政处罚法》第 24 条规定，考虑乡镇人民政府和街道办事处的具体条件，由省、自治区、直辖市人民政府酌情另行决定。

引入执法三项制度

第六项,引进行政执法三项制度,完善行政处罚程序。

这次《行政处罚法》的修订,在继续保留原有的四项程序制度(事先告知制度、听证制度、重大处罚集体讨论制度和权利救济制度)的基础上,还增设了“三项行政执法程序制度”,或者说,是把三大行政执法程序制度引入《行政处罚法》,即执法公示制度、执法全过程记录制度和重大执法决定法制审核制度。

三项制度聚焦行政执法的源头、过程和结果三个关键环节,是提高政府治理效能的重要抓手,对切实保障人民群众合法权益、推进国家治理体系和治理能力现代化具有重要意义。按照党中央、国务院的部署,国务院办公厅发布了《关于印发推行行政执法公示制度执法全过程记录制度重大执法决定法制审核制度试点工作方案的通知》(国办发〔2017〕14 号),在全国推开了这三项制度,这次写进了《行政处罚法》。

行政执法公示制度,是要求执法机关依法及时主动向社会公开有关行政执法信息,行政执法人员在执法过程中要主动表明身份,接受社会监督的程序制度。这一制度引入《行政处罚法》并有多处体现。新修订的《行政处罚法》第 5 条第 3 款重申:“对违法行为给予行政处罚的规定必须公布;未经公布的,不得作为行政处罚的依据。”第 34 条要求“行政处罚裁量基准应当向社会公布”。第 39 条特别规定:“行政处罚的实施机关、立案依据、实施程序和救济渠道等信息应当公示。”第 41 条第 1 款要求电子技术监控设备设置地点向社会公布。第 48 条首次规定，“具有一定社会影响的行政处罚决定应当依法公开”。第 42 条对执法人员的执法作出了严格规定：“行政处罚应当由具有行政执法资格的执法人员实施。执法人员不得少于两人，法律另有规定的除外。执法人员应当文明执法，尊重和保护当事人合法权益。”

执法全过程记录制度，是要求通过文字、音像等记录方式，对行政执法行为进行记录并归档，实现全过程留痕和可回溯管理制度。这是调查取证阶段必须遵循的制度。新修订的《行政处罚法》第 47 条第一次规定：“行政机关应当依法以文字、音像等形式，对行政处罚的启动、调查取证、审核、决定、送达、执行等进行全过程记录，归档保存。”这里强调“全过程记录”非常重要。所谓执法全过程记录，特别是指执法机关的执法摄录仪拍摄录像，应当从执法的“起点”，即发现当事人违法或者和当事人接触的第一时间开始，到执法活动结束为止，不能只拍摄对自己有利的一个时间段。

重大执法决定法制审核制度，是要求执法机关在作出重大执法决定之前，必须进行法制审核的程序制度。未经法制审核或者审核未通过的，不得作出决定。新修订的《行政处罚法》也将重大执法决定法制审核制度引入法律。新修订的《行政处罚法》第 58 条第 1 款规定：“有下列情形之一，在行政机关负责人作出行政处罚的决定之前，应当由从事行政处罚决定法制审核的人员进行法制审核；未经法制审核或者审核未通过的，不得作出决定：（一）涉及重大公共利益的；（二）直接关系当事人或者第三人重大权益，经过听证程序的；（三）案件情况疑难复杂、涉及多个法律关系的；（四）法律、法规规定应当进行法制审核的其他情形。”这就将重大复杂的、较大范围内的行政处罚案件纳入法制审核，为行政处罚决定的合法性设立了最后一道屏障。

除了行政执法的三项制度，这次《行政处罚法》的修订还对行政处罚的其他程序制度作了许多完善。例如：

1. 完善处罚听证制度。听证制度是行政处罚程序中的核心制度，早在 1996 年制定《行政处罚法》时首次写入行政处罚程序。这次修订再次作了完善：一是扩大行政处罚听证的范围，将没收较大数额违法所得、没收较大价值非法财物，降低资质等级，责令关闭、限制从业和其他较重的行政处罚，都纳入可以申请听证的事项范围；二是延长当事人申请听证的时间，由 3 日修改为 5 日，保障了当事人的听证权；三是对听证笔录的效力作出明确规定。执法机关不能“听证归听证，决定归决定”。《行政处罚法》第 65 条新增规定，听证结束后，行政机关应当根据听证笔录，依法作出处罚或不处罚的决定。也就是说，行政机关作出决定，不能无视听证所获得的意见。

2. 补充了证据规定。原《行政处罚法》对行政处罚的证据基本没有规定，这不能不说是一个较大的缺陷。新修订的《行政处罚法》专门增加第46条对行政处罚的证据种类作出规定，明确了证据包括：书证、物证、视听资料、电子数据、证人证言、当事人的陈述、鉴定意见、勘验笔录和现场笔录。证据必须经查证属实，方可作为认定案件事实的根据。特别规定和强调，“以非法手段取得的证据，不得作为认定案件事实的根据”。

3. 明确行政处罚案件办案期限。旧《行政处罚法》对办案期限未作规定，而惯例是60日。新修订的《行政处罚法》第60条规定：“行政机关应当自行政处罚案件立案之日起九十日内作出行政处罚决定。法律、法规、规章另有规定的，从其规定。”这就一改“60日”的惯例，增加了30日，确定为90日，为行政机关调查取证、听证、法制审核留出了必要的时间，体现了实事求是的原则。

4. 增加当场处罚和当场收缴罚款数额方面的规定。新修订的《行政处罚法》第51条修改了适用简易程序的案件标准，可以当场处罚的轻微案件的罚款标准，个人从50元提高到200元，单位从1000元提高到3000元。第68条规定，把当场收缴罚款的标准从20元提高到100元，这方便了被处罚人对处罚决定的履行。

□ 电子技术的应用

第七项，确认和规范电子技术手段在行政处罚中的应用。

当下社会已是一个网络社会、数字社会、信息社会，人们的工作和生活已离不开电子技术手段。新修订的《行政处罚法》第 41 条确认了电子证据,并对电子证据的使用提出要求,规定电子证据必须经审核且合法,不得采用电子证据而限制或者变相限制当事人享有的陈述权、申辩权。第 61 条确认了电子邮件等网络形式送达处罚决定书,第 67 条又确认了电子支付缴纳罚款的有效性。确认电子技术手段在行政处罚中的应用,大大提高了行政处罚实施的效率,既方便行政机关的执法,也方便人民群众对行政处罚程序的参与。

□ 修改处罚时效制度

第八项,修改行政处罚时效制度,遏制严重的违法行为。

所谓行政处罚时效制度,就是指行政机关对违反行政管理秩序的公民、法人或者其他组织追究行政责任、给予行政处罚的有效期限。行政机关超过法律规定的期限未发现违法行为的,对当时的违法行为人不再给予行政处罚。行政处罚时效制度的确立,一方面是为了督促执法机关依法及时履行行政处罚职责,防止不作为;另一方面则是为了实现社会秩序的稳定,体现法的安定性,尊重和保护公民、法人或者其他组织的合法权益。

原《行政处罚法》关于行政处罚时效的规定是:违法行为在 2 年内未被发现的,不再给予行政处罚。法律另有规定的除外。前款规定的期限,从违法行为发生之日起计算;违法行为有连续或者继续状态的,从行为终了之日起计算。这一规定在实施中存在的主要问题是对违法行为不加区分,无论违法行为的性质和危害性如何,都是2年时效,导致对某些严重的违法行为因为时效已过而不能处罚,不利于打击违法行为,特别是严重的违法行为。

新修订的《行政处罚法》第36条对行政处罚的时效制度进行了调整和完善,明确规定:违法行为在2年内未被发现的,不再给予行政处罚;涉及公民生命健康安全、金融安全且有危害后果的,上述期限延长至5年。法律另有规定的除外,如《治安管理处罚法》规定的追诉时效为6个月[1]。也就是说,根据新修订的《行政处罚法》,行政处罚的时效一般是2年,但如果违法行为涉及公民生命健康、金融安全且有危害后果的,行政处罚的时效可以延长到5年。这样的规定更加科学合理,有利于遏制严重的违法行为。

□ 细化行刑衔接制度

第九项,细化行刑衔接制度,防止"以行代刑"或"以刑代行"。

应当接受行政处罚的违法行为与刑事犯罪行为关联度很

---

〔1〕《治安管理处罚法》(2012年修正)第22条规定:"违反治安管理行为在六个月内没有被公安机关发现的,不再处罚。前款规定的期限,从违反治安管理行为发生之日起计算;违反治安管理行为有连续或者继续状态的,从行为终了之日起计算。"

大,它们侵害的是同一个社会关系,只是程度上有区别而已。行政处罚是针对尚不构成犯罪的违法行为。有时,一个违法行为是否构成犯罪有模糊之处。行刑衔接就是行政执法与刑事司法程序的衔接,通常发生在行政违法与刑事犯罪竞合的场合。

原《行政处罚法》第 22 条只对行刑衔接作了原则性规定:违法行为构成犯罪的,行政机关必须将案件移送司法机关,依法追究刑事责任。这一规定明确了行刑衔接中"刑事优先"的基本原则,即行政执法机关发现当事人的行政违法行为涉嫌构成犯罪的,应当中止行政执法程序,将案件立即移送司法机关追究刑事责任。但对经过司法机关刑事审判后依法不需要追究刑事责任或者免予刑事处罚的,是否还要交回行政机关给予行政处罚,旧《行政处罚法》没有规定,这给行刑衔接制度的实施带来困难。

针对这一问题,新修订的《行政处罚法》第 27 条增加规定:对依法不需要追究刑事责任或者免予刑事处罚,但应当给予行政处罚的,司法机关应当及时将案件移送有关行政机关。也就是说,在刑事程序之后还需要行政处罚的,司法机关要将案件移送有关行政机关。同时,新修订的《行政处罚法》还要求行政处罚实施机关与司法机关之间应当加强协调配合,建立健全案件移送制度,加强证据材料移交、接收衔接,完善案件处理信息通报机制,防止"以行代刑"或"以刑代行"。

完善处罚无效制度

第十项,完善行政处罚无效制度,严格区别违法与无效的界限。

《行政处罚法》旨在保证行政处罚的合法性和有效性,阻却违法处罚和无效处罚行为的发生。行政处罚的违法和无效既有联系也有区别:无效是严重的违法;无效的一定是违法的,但违法的不一定是无效的。原《行政处罚法》和修订后的《行政处罚法》对无效行政处罚的表述有较大的差异,反映了它们标准上的不同。

原《行政处罚法》第3条第2款规定:"没有法定依据或者不遵守法定程序的,行政处罚无效。"这里的"无效"的涉及"面"既"过广",也同时"过窄"。

"不遵守法定程序"就无效,显然没有区分主要程序和次要程序,这种"一刀切"既不符合法理,也不符合实际。这就是无效范围"过广"。但对于执法主体无处罚权是否无效,未作规定。这就表现为无效范围"过窄"。

修订后的《行政处罚法》第38条规定:"行政处罚没有依据或者实施主体不具有行政主体资格的,行政处罚无效。违反法定程序构成重大且明显违法的,行政处罚无效。"

这里有了更全面、更准确的标准,即三种情况下,行政处罚无效:一是实施行政处罚的机关无处罚资格,没有行政处罚权。

二是行政处罚没有依据。没有依据,应当是指没有法律规范依据,即该行为并不是法律、法规、规章规定必须处罚的行为。三是违反法定程序构成重大且明显违法。也就是说,并不是所有违反程序行为都无效,必须是构成重大且明显违法,影响实体决定内容的程序违法,才构成无效。

□ 明确法律适用规则

第十一项,明确法律适用规则,强调对外国组织和外国人的适用力。

法律适用是指将法律规范应用于事实的过程。实施行政处罚必须正确适用法律,否则会构成适用法律错误。旧《行政处罚法》对法律适用规则未作规定。新修订的《行政处罚法》增补了这方面的规定。其第 37 条规定:“实施行政处罚,适用违法行为发生时的法律、法规、规章的规定。但是,作出行政处罚决定时,法律、法规、规章已被修改或者废止,且新的规定处罚较轻或者不认为是违法的,适用新的规定。”

这里明确了两项适用规则:一是属地主义。即无论当事人在哪里注册或户籍地、居住地在哪里,只要他的违法行为发生在本地,就适用本地的法律规范。在人地法与行为地法之间,应当选择属地主义,适用当事人行为地法律规范。二是有利于当事人主义。即作出行政处罚决定时,法律、法规、规章已被修改或者废止,且新的规定处罚较轻或者不认为是违法的,适用新的规定。这里同时包含另一层意思，如果修改后的规定比当事人违法行为发生时的规定对当事人更为不利，应当适用当事人违法行为发生时的规定。这是前后都按有利于当事人的原则选择。

行政处罚的适用规则，总体上是适用当事人违法行为“地”和违法行为“时”的规定。当事人行为地规定与当事人所在地规定或处理机关所在地规定不一致时，适用当事人行为地规定；当事人行为时规定与对当事人处理时的规定不一致时，则适用有利于当事人的规定。这些适用规则内容，是新修订的《行政处罚法》首次明确的。

另外，新修订的《行政处罚法》第 84 条规定：“外国人、无国籍人、外国组织在中华人民共和国领域内有违法行为，应当给予行政处罚的，适用本法，法律另有规定的除外。”这是首次强调，外国人（含无国籍人）和外国组织在中国不是“法外之地”，他们在我国领域内有违法行为的，同样必须适用中国的法律予以处罚，除非法律另有特别规定。

衔接《突发事件应对法》

第十二项，明确应急状态下的处罚原则，有效衔接《突发事件应对法》。

应急状态属于一种“非常态”，它是由自然灾害、事故灾难、公共卫生事件和社会安全事件等突发事件，引发全国或一定范围内的混乱和危害，使国家和政府部门必须紧急应对处置的状态。从广义上说，应急状态包括三种状态：一是应急状态（狭义）；二是紧急状态；三是战争状态。

我国《突发事件应对法》（2007 年）第 49 条规定，履行统一领导职责的人民政府可以依法从严惩处囤积居奇、哄抬物价、制假售假等扰乱市场秩序的行为，稳定市场价格，维护市场秩序；可以依法从严惩处哄抢财物、干扰破坏应急处置工作等扰乱社会秩序的行为，维护社会治安。这里的“严惩”显然主要是指行政处罚。

那么，这种应急状态下的行政处罚是否适用《行政处罚法》，以及如何适用《行政处罚法》呢？旧法未作规定。新修订的《行政处罚法》第 49 条规定：“发生重大传染病疫情等突发事件，为了控制、减轻和消除突发事件引起的社会危害，行政机关对违反突发事件应对措施的行为，依法快速、从重处罚。”这一规定有效地衔接了《突发事件应对法》，意味着在应急状态中实施行政处罚，依然适用《行政处罚法》，但可以“依法快速、从重处罚”。

思考题

1.《行政处罚法》为什么需要修改？修改的意义有哪些？

2. 新《行政处罚法》对旧《行政处罚法》作了哪些重大修订？

第二讲

《行政处罚法》确立了哪些原则？

行政处罚法基本原则

讲解《行政处罚法》，应当先讲讲《行政处罚法》所确立的基本原则。

行政处罚法基本原则，是指由《行政处罚法》所确立和体现的，用以指导和约束行政处罚的设定和实施的法治精神和基本行为规则。这些原则统率《行政处罚法》的具体条文，并由具体条文所体现。这些原则并不是抽象空洞的口号，它具有实实在在的作用。它能够也应当直接指导和约束我国行政处罚的设定和实施。

行政处罚的设定是一种“立法行为”，行政处罚的实施是一种“行政行为”。行政处罚法的基本原则，既指导和约束有关行政处罚的立法行为，也指导和约束实施行政处罚的行政行为。行政处罚的设定和实施违背行政处罚法基本原则的，都属于违法行为，是违反《行政处罚法》的行为。

行政处罚法基本原则不是一种可有可无的东西。行政机关实施行政处罚，不仅要符合有关行政处罚的具体条文，还必须符合《行政处罚法》的有关原则。人民法院审理行政处罚案件，不仅可以依据有关行政处罚的具体条文判案，也可以依据《行政处罚法》的有关原则判案。

【杭州方林富案】

杭州方林富炒货店广告处罚案，大家可能还记忆犹新。这是一个成功适用行政处罚法原则判案的例子。

在中国美丽的花园式城市——杭州市，方林富夫妻在西子湖畔开了一家炒货店，现炒并出售栗子，生意还算可以。2015年11月，因人举报，杭州市西湖区市场监督管理局查实，杭州方林富炒货店在自己门口标有“杭州最优秀炒货店”字样，在店的一侧商品介绍板上写有“中国最好最优品质荔枝干”等字样。杭州市西湖区市场监督管理局认为方林富炒货店的行为违反了《广告法》(2015 年修订)[1]第 9 条第 3 项关于广告不得使用“国家级”“最高级”“最佳”等用语的规定，便于 2016 年 3 月 22 日作出了(杭西)市管罚处字〔2015〕534 号行政处罚决定书，依据《广告法》第 57 条第 1 项处以 20 万元罚款。当事人不服处罚决定，于 2016 年 3 月 29 日向杭州市市场监督管理局申请行政复议。复议机关于 2016 年 8 月 10 日作出(杭)市管复字〔2016〕139 号行政复议决定书，维持了原行政处罚决定。

当事人不服，于 2016 年 8 月 19 日向杭州市西湖区人民法院提起行政诉讼。在诉讼中，原告、被告都感到很委屈。原告认为，我只在店门口写了个“最”字而已，根本不知道这还违法，小

〔1〕 现行《广告法》于 2018 年修正。本案当时适用的是 2015 年修订的《广告法》。

本经营的小店被罚20万元,怎么也想不通;被告认为,当事人违反《广告法》的事实是清楚的,理应处罚,而《广告法》第57条第1项规定的处罚幅度就是20万元至100万元,20万元的处罚已属于低线。

杭州市西湖区人民法院认为,市场监督管理部门对违反《广告法》的行为人进行处罚,不仅要适用《广告法》,同时还应当适用作为处罚基本法的《行政处罚法》。《行政处罚法》第4条第2款规定:"设定和实施行政处罚必须以事实为依据,与违法行为的事实、性质、情节以及社会危害程度相当。"[2]行政机关必须遵守该条确立的"过罚相当"原则。一家夫妻俩开的小炒货店,在门口写了几个"最"字,虽然违反了《广告法》,但社会危害性显然不大,罚款20万元显然过罚不相当。根据这一原则,并结合《行政处罚法》第27条[3]的规定,法院于2018年5月21日作出(2016)浙0106行初字240号一审判决书,判决变更罚款,从20万元调整为10万元。

方林富不服提起上诉。2018年9月7日,杭州市中级人民法院二审依法维持了原判。

〔2〕 新修订的《行政处罚法》已将此条调整为第5条第2款。

〔3〕 新修订的《行政处罚法》已将此条调整为第32条并作了内容上的补充。

立法目的和立法依据

那么,《行政处罚法》确立了哪些基本原则呢?

现在还不到直接回答这个问题的时候。我们还得先讲讲《行政处罚法》的立法目的和立法依据。因为,行政处罚法基本原则并不是《行政处罚法》爱怎么提就可以怎么提的,爱怎么写就可以怎么写的。行政处罚法基本原则是由《行政处罚法》的立法目的和立法依据所决定的。它是《行政处罚法》的制定者(全国人大常委会)为了实现《行政处罚法》的目的,依据《宪法》(立法依据)提出的。

那么,《行政处罚法》的立法目的和依据又是什么呢?

《行政处罚法》第 1 条开宗明义地表述:"为了规范行政处罚的设定和实施,保障和监督行政机关有效实施行政管理,维护公共利益和社会秩序,保护公民、法人或者其他组织的合法权益,根据宪法,制定本法。"

不难发现,《行政处罚法》的立法目的有两个方面:一方面,就国家机关而言,是"为了规范行政处罚的设定和实施,保障和监督行政机关有效实施行政管理,维护公共利益和社会秩序"。具体而言,是为了促进和保障有关国家机关制定行政处罚规定的科学性、合法性、规范性,保障和监督行政机关依法有效实施行政处罚,坚持依法行政、建设法治政府,维护公共利益和社会秩序,保障社会安全有序。另一方面,就公民、法人和其他组织而言,就是为了保证人民群众的合法权益不受他人和行政公权力的侵害,就是坚持以人民为中心,要把体现人民利益、反映人民愿望、维护人民权益、增进人民福祉落实到行政处罚的工作中去。行政处罚工作的根本目的是依法保障人民权益,保障人民群众的获得感、幸福感、安全感。

《行政处罚法》的直接立法依据是《宪法》。宪法是党领导人民制定的国家根本大法。宪法在我国的法治体系中具有最高的法律地位、最高的法律权威和最高的法律效力,具有根本性、全局性、稳定性、长期性之特点。《宪法》是党领导人民治国理政的总章程,是全面依法治国的总依据。在我国的立法中,并不是所有的法律、法规都直接以宪法为依据的,但《行政处罚法》的制定直接以宪法为依据,宪法是《行政处罚法》的直接立法依据。《行政处罚法》必须落实社会主义法治原则,必须体现职权法定,必须落实对公民宪法权利的保护。

行政处罚五大原则

基于上述立法目的和立法依据,《行政处罚法》确立了几项行政处罚法基本原则。这些原则包括:处罚法定原则;处罚公正原则;处罚公开原则;处罚和教育相结合原则;权利救济原则。

原则 1:处罚法定

处罚法定原则,系指行政处罚必须依法设定和依法实施。

《行政处罚法》第3条规定:"行政处罚的设定和实施,适用本法。"第4条又规定:"公民、法人或者其他组织违反行政管理秩序的行为,应当给予行政处罚的,依照本法由法律、法规、规章规定,并由行政机关依照本法规定的程序实施。"

行政处罚的设定,属于立法行为;行政处罚的实施,属于行政行为。处罚法定原则,既约束有关行政处罚的立法行为,又约束实施行政处罚的行政行为。所以,处罚法定原则的效力和基本要求覆盖行政处罚的设定和行政处罚的实施这两大领域,横跨立法行为和行政行为。

□ 处罚依法设定

处罚法定原则,首先要求行政处罚依法设定。

对行政处罚的设定,是一种对行政处罚法律规范的创制行为,具体指有关机关通过法律、法规和规章对行政处罚的有关内容作出规定。这些内容主要包括:(1)实施行政处罚的主体。解决"谁有权实施行政处罚"的问题。(2)可以被行政处罚的行为。解决"对什么行为可以实施行政处罚"的问题。(3)可采取的行政处罚手段和种类。解决"用什么手段给予处罚"的问题。(4)可选择的行政处罚幅度。解决"对什么行为可以罚多重"的问题。(5)必须遵循的行政处罚程序。解决"如何进行行政处罚"的问题。

这里"依法设定"中的"依法"是依什么"法"?即由什么"法"来设定行政处罚?

《行政处罚法》第 4 条已回答了这一问题,即"依照本法由法律、法规、规章规定"。可以"设定"行政处罚的"法",首先是本法,即《行政处罚法》,其次是和《行政处罚法》相关相配套的其他法律、法规和规章。为此,《行政处罚法》第 16 条进一步明确:"除法律、法规、规章外,其他规范性文件不得设定行政处罚。"

□ 处罚依法实施

行政处罚的设定,是行政处罚实施的前提和基础。行政处罚未被设定,行政处罚的实施便失去法律基础。但不得倒过来说,只要行政处罚依法设定,行政处罚的实施就一定合法。行政处罚不仅必须依法设定,而且必须依法实施。

行政处罚必须依法实施,系指有关组织实施行政处罚从主体、行为到程序,都必须符合《行政处罚法》及有关法律、法规和规章的规定。行政处罚的实施必须和行政处罚的设定相对应。具体而言,起码必须做到:(1)由有处罚权的行政机关或其他组织实施行政处罚。(2)对依法可以被处罚的违反行政管理秩序的行为进行处罚。(3)采用法定的处罚手段进行处罚。(4)在法定的幅度内进行处罚。(5)通过法定程序进行处罚。

有一种观点是不全面的,认为行政处罚的"依法实施"仅仅是要求"由行政机关依照本法规定的程序实施"(《行政处罚法》第 4 条),以为行政处罚的"依法实施"只是要求依照处罚程序规定而已。行政处罚的"依法实施",不仅要依照"程序法",更要依照“实体法”。

□ 职权法定的延伸

处罚法定原则，实质上是“行政处罚权”法定原则。行政处罚权是国家行政机关针对公民、法人或者其他组织的行政制裁权，它是行政职权的体现。因此，处罚法定原则无疑是职权法定原则的延伸。

职权法定原则，是指公权力的产生、享有和行使必须通过法律明文规定的方式来进行，没有法律依据且未经法律规定方式所创造、产生和享有的公权力不具有合法性。其根本要义在于所有公权力的产生都源于人民通过法律所授予，应当为人民谋利益，行使公权力必须于法有据、行为合法，任何机关、组织和个人都不得行使法律法规没有授予的公权力。习近平同志所说的“法定职责必须为，法无授权不可为”，是一句非常有名的法律谚语，正是对“职权法定原则”的经典表述，具有非常深厚的法理内涵。

职权法定原则可以追溯至法治国家理论、法律保留原则和法律优先原则。这一原则，在中国具有深厚的宪法基础和制度基础。我国《宪法》(2018 年修正)第 2 条规定：“中华人民共和国的一切权力属于人民。人民行使国家权力的机关是全国人民代表大会和地方各级人民代表大会。人民依照法律规定，通过各种途径和形式，管理国家事务，管理经济和文化事业，管理社会事务。”第 5 条又规定：“中华人民共和国实行依法治国，建设社会主义法治国家。国家维护社会主义法制的统一和尊严。……一切国家机关和武装力量、各政党和各社会团体、各企业事业组织都必须遵守宪法和法律。一切违反宪法和法律的行为,必须予以追究。任何组织或者个人都不得有超越宪法和法律的特权。"《宪法》第三章关于国家机构的规定,便是对"职权法定"原则的具体应用。

职权法定,落实在行政处罚权上,就是行政处罚权的设定和实施都必须由法律、法规、规章规定。法律、法规、规章以外的规范性文件不得设定行政处罚权;国家行政机关也不得依据法律、法规、规章以外的规范性文件实施行政处罚。

□ 原则 2:处罚公正

《行政处罚法》第 5 条第 1 款规定:"行政处罚遵循公正、公开的原则。"这就是确立"处罚公正原则"的法律依据。

"公正"是一个十分复杂的概念。这个肇始于古希腊的传统概念与"法"有着不可割裂的关系。其英文表达方式"justice",其中的"jus"本身就有"法"的意思。"公正"以"jus"(法)为词根演变而来。从内容上说,公正和法治更是不可分离。公正是法治的灵魂,公正是法治的核心价值,公正是法治的出发点和最终归宿。法治是指公正的法律得到公正的实施。一切法律制度都是为了体现和保证社会的公正性。

"公正"是"公平"和"正义"的合称,因而,公平和正义是公正的基本内涵。但是,公正也会因时代的不同和人们视角的不同而不同,正如博登海默所言,“正义是一张普罗透斯似的脸,变幻无常,随时可呈现不同形状并具有极不相同的面貌”〔4〕。

在我国,公正是中国特色社会主义的内在要求,是社会主义法治的核心价值,是社会主义核心价值观的基本要求。〔5〕习近平同志说,“公正是法治的生命线”。〔6〕公正在我国社会主义法治体系中具有丰富的内涵,包含平等性、合理性、可行性、文明性等诸多内涵。

但仅就《行政处罚法》而言,“处罚公正原则”包含了以下内容和要求:

□ 过罚相当

新修订的《行政处罚法》第5条第2款规定:“设定和实施行政处罚必须以事实为依据,与违法行为的事实、性质、情节以及社会危害程度相当。”也就是说,公民、法人或者其他组织作出了违反行政管理秩序的行为,依法必须处罚的,处罚的轻重必须和当事人违法行为的事实、性质、情节以及社会危害程度相

〔4〕 [美]E. 博登海默:《法理学:法律哲学与法律方法》,邓正来译,中国政法大学出版社2004年版,第261页。

〔5〕 社会主义核心价值观是:富强、民主、文明、和谐;自由、平等、公正、法治;爱国、敬业、诚信、友善。

〔6〕 习近平:《关于〈中共中央关于全面推进依法治国若干重大问题的决定〉的说明》,2014年10月28日。

当。既不能轻错重罚,也不能重错轻罚。

为此,《行政处罚法》这次修改,还增加了处罚基准制度。新修订的《行政处罚法》第 34 条规定:“行政机关可以依法制定行政处罚裁量基准,规范行使行政处罚裁量权。行政处罚裁量基准应当向社会公布。”制定和公布行政处罚裁量基准,有助于防止行政机关滥用处罚裁量权。我们前面举的杭州方林富炒货店广告处罚案,是最典型的案例。

□ 轻微不罚

《行政处罚法》并未要求对所有违法行为都一律处罚,相反,规定了对于轻微的违法行为不予处罚。新修订的《行政处罚法》第 33 条第 1 款规定,“违法行为轻微并及时改正,没有造成危害后果的,不予行政处罚”。这里的轻微不罚,是指“不予处罚”,而不是指“可以不处罚”。但是这种案件必须同时符合三个条件:(1)违法行为轻微。(2)及时作了改正。这应当包括自我纠正或执法人员指出后的改正。(3)没有造成危害后果。这种情况之所以不予行政处罚,是因为这种违法行为对社会并没有危害性。

例如,某个“情人节”,一名女大学生在大学城里卖玫瑰花,挣点零花钱。结果被城管人员处罚,说她是无照经营。我认为,这就没有必要处罚。女大学生在“情人节”卖几朵玫瑰花,又不是卖罂粟花,这有什么社会危害性吗?我认为这还是一道城市的美景!

□ 初次不罚

新修订的《行政处罚法》第 33 条第 1 款规定,“初次违法且危害后果轻微并及时改正的,可以不予行政处罚”。这个“初次不罚”是这次修改增加的。

“初次不罚”的适用条件是:(1)初次违法,不是二次以后的违法。至于“初次”如何统计,跨领域、跨年度,还是不跨领域、不跨年度,还有待有关部门作细化规定。(2)危害后果轻微,是指对社会危害性不大的违法。(3)及时改正。这三条缺一不可。

但必须说明的是,“初次不罚”不是“绝对不罚”,而是指“可以不罚”。“可以不罚”,当然也包含可以处罚。初次不罚与上述的轻微不罚还是不同的。轻微不罚是绝对不罚,初次不罚则是相对不罚。

记得 2020 年的暑假,我们回老家浙江度假。一天在杭州开车,开入了禁行道。等我们反应过来,已经来不及了。第二天,我的手机上收到一条短信,是交警发来的,上面写道:你好,你的车牌号为×××××的车辆于××××年×月×日×时×分在××地违章。鉴于你今年以来未出现过违章,这次不予处罚。请自觉遵守交通规则。我们看到这条短信,心里感到非常温暖,后面一段时间在杭州开车处处小心。

以前,这一制度备受争议,有赞成的,也有反对的。反对者主要是指责交警不严格执法,违反了《行政处罚法》。现在这一制度写入新修订的《行政处罚法》,不存在违法之说了。而且,这一制度引入法律,引入得很有分寸:不是任何“初次”绝对“不罚”,它是“可以”不罚,“有条件”的不罚。我为这一制度点赞。因为它体现了执法中的温度,体现了以教育为主原则,有利于实现社会的和谐稳定。

□ 无错不罚

行政机关对当事人的违法行为进行处罚,是否须以当事人的主观过错为前提? 这一问题一直有争议。以前的《行政处罚法》未对此作出规定,其实是回避了这一问题。

这次修订增加了这一规定。新修订的《行政处罚法》第 33 条第 2 款规定:“当事人有证据足以证明没有主观过错的,不予行政处罚。法律、行政法规另有规定的,从其规定。”也就是说,对当事人的违法行为进行处罚,不能说不考虑当事人的主观过错。对当事人违法行为的处罚还是须以当事人的主观过错为前提。但由于证明当事人的违法行为是否有过错有很大的难度,所以这次新法采用的不是“过错原则”,而是“推定过错原则”。

“推定过错原则”意味着,只要当事人作出了违法行为,原则上可以推定当事人是有主观过错的。主观过错包括主观上的故意和过失。但如果当事人能够证明自己是无过错的,那么就不可处罚。

“过错原则”与“推定过错原则”的区别在于举证责任不同:“过错原则”是要求执法机关必须证明当事人有过错,证明不了的就算是无过错;而"推定过错原则"是要求当事人来证明自己是否有"过错",不能证明"无过错"的,就推定为"有过错"。当然,法律、行政法规另有规定,就按法律、行政法规规定办。

我认为,处罚当事人,不考虑当事人是否有过错,无论当事人是否有过错都可处罚,这是不合理的,也就是不公正的。这里我给大家讲一起我亲历的事例。

我家住北京海淀区世纪城,上班在中央党校(国家行政学院)本部,每天上下班开车都走昆玉河旁这条路(北京人叫这条路是"河边")。这条路限速是 80 千米/时,而且车较少。平常我开车一般开到 70 千米/时左右。长此以往,我就有 70 千米/时的"路感"了。有一段时间,我感觉车子已开到 70 千米/时了,但车子的显示器上却是 40 千米/时左右,我就再加速……一周左右,我越来越怀疑我车子上的读数器有问题了,便打开手机导航器,把手机上所显示的车速和车子显示器上的车速进行对比,才发现我车子上的读数器出了问题。那段时间我一定超速了,好在没有收到交警的罚单。如果交警处罚我了,我一定不愿接受。因为我没有主观上的过错。我可以拿出车子修理单来证明这一点。

在现实中,当事人有违法行为,但主观上没有过错,这种现象是不少的。

□ 一事不二罚

一事不二罚原则是一项国际上公认的法治原则。于 1966

年通过，并于 1976 年 3 月 23 日生效的联合国《公民权利及政治权利国际公约》第 14 条第 7 款规定："任何人已依一国的法律及刑事程序被最后定罪或宣告无罪者，不得就同一罪名再予审判或惩罚。"《美国宪法第五修正案》规定：任何人不得因同一罪行为而两次遭受生命或身体的危害[7]。一事不二罚原则原本只适用刑事领域，后来慢慢扩展至行政和民事领域。所以现在，"一事不二罚"中的"罚"是广义的。一次犯错，不仅仅不得给予两次以上的罚款、两次以上的行政处罚，更包括不得给予两次以上的刑事追究，也不得承担两次以上的民事责任。所以，一事不二罚原则实际上是指：一个违法行为，不得追究两次以上的法律责任，不得重复追责。[8]

这一原则应用于行政处罚制度，显然是指：当事人的一个违法行为，不得给予两次以上的行政处罚。如果当事人只有一次违法，但执法机关要处罚他两次，这肯定是不合理的。所以，《行政处罚法》第 29 条第 1 句规定："对当事人的同一个违法行为，不得给予两次以上罚款的行政处罚。"

"对当事人的同一个违法行为，不得给予两次以上罚款的行政处罚。"原法和新修订法的这一表达都是一样的，没有修

[7] Nor shall any person be subject for the same offense to be twice put in jeopardy of life or limb.

[8] 如果是违法竞合，按照数个处罚中的最高罚处理。

改。其实这一表达是有问题的,它将"一事不二罚"限缩为"一事不二次罚款",这不能不说是一个缺陷。实际情况是:"一事"当然不得给予两次以上的"罚款",但同样也不得给予两次以上的"没收",更不能给予两次以上的拘留……凡是"一事",都不得给予"两次以上的处罚"。

但起草者这样写,是考虑到有时对于"一事"的违法,既可罚款,又可没收等。所以,两次罚款是不可以的,但既罚款又拘留,既罚款又没收,或者既罚款又吊销许可证等是可以的,只要有法律依据。但出于这一考虑作这样的表述其实是一个错误。

其实,就行政处罚制度而言,对于"一事"是不得给予"二罚"的,两次罚款不行,两次没收、两次拘留都不行。对于任何违法,都不得给予"两次"以上处罚。但是,对于"一事"可以给予"两项"以上的处罚。如对某种违法行为,给予既罚款又拘留,既罚款又没收,或者既罚款又吊销许可证等是可以的,《治安管理处罚法》等不少法律有此规定。以上的表述,显然是把针对"一事"的"二次"处罚与"二项"处罚混淆了。

我们的结论是:一个违法行为,不得给予"两次"以上的行政处罚,但可以给予"两项"以上的行政处罚。所以,正确的表述应当是:"对当事人的同一个违法行为,不得给予两次以上的行政处罚。但在法律有明文规定的情况下,对当事人的同一个违法行为,可以给予两项以上的行政处罚。"

尽管存在表述上的缺陷,但《行政处罚法》第29条第1句规定的本意还在于确认“一事不二罚”原则。

为了贯彻“一事不二罚”原则,《行政处罚法》第29条第2句还对违法竞合的处理作出了规定:“同一个违法行为违反多个法律规范应当给予罚款处罚的,按照罚款数额高的规定处罚。”

当事人的一个违法行为,只能给予一次处罚;当事人的一个违法行为,同时违反了几个法律关系,这种“违法竞合”只能按一个法律关系中的最高额处罚,这样做才是合理的、公正的。

□ 加处罚款封顶

旧《行政处罚法》在第六章“行政处罚的执行”中规定,当事人到期不缴纳罚款的,行政机关可以对当事人每日按罚款数额的3%加处罚款。[9] 但是,这样按日罚款下去,应不应当“封顶”没有规定。但我国《行政强制法》恰恰是有“封顶”规定的,第45条第2款规定:“加处罚款或者滞纳金的数额不得超出金钱给付义务的数额。”

新修订的《行政处罚法》补充了“封顶”规定,第72条第1款规定:“当事人逾期不履行行政处罚决定的,作出行政处罚决定的行政机关可以采取下列措施:(一)到期不缴纳罚款的,每

---

〔9〕 旧《行政处罚法》第51条规定:“当事人逾期不履行行政处罚决定的,作出行政处罚决定的行政机关可以采取下列措施:(一)到期不缴纳罚款的,每日按罚款数额的百分之三加处罚款;(二)根据法律规定,将查封、扣押的财物拍卖或者将冻结的存款划拨抵缴罚款;(三)申请人民法院强制执行。”

日按罚款数额的百分之三加处罚款,加处罚款的数额不得超出罚款的数额……”这不仅使《行政处罚法》与《行政强制法》得以衔接,而且更加凸显行政处罚制度的公正性。

《行政处罚法》规定过罚相当、轻微不罚、初次不罚、无错不罚、一事不二罚等,以及加处罚款“封顶”,正是处罚公正原则的要求和体现。

□ 原则 3:处罚公开

《行政处罚法》第 5 条第 1 款规定:“行政处罚遵循公正、公开的原则。”这就是确立“处罚公开原则”的法律依据。

行政处罚公开原则,是我国行政公开原则在行政处罚领域的落实和体现。我国行政公开原则,系以《宪法》为依据,由《政府信息公开条例》所直接确认。这个 2007 年制定、2019 年修订的行政法规,确立了政府信息“以公开为常态、不公开为例外”的原则。根据《政府信息公开条例》的有关规定,政府信息是指行政机关在履行行政管理职能过程中制作或者获取的,以一定形式记录、保存的信息。政府信息除了国家秘密,法律、行政法规禁止公开的政府信息,公开后可能危及国家安全、公共安全、经济安全、社会稳定的政府信息,以及涉及商业秘密、个人隐私等公开会对第三方合法权益造成损害的政府信息不得公开外,都必须予以公开。

行政处罚公开原则,是行政公开和政府信息公开原则的具体转化结果。它包含处罚依据公开、处罚决定公开和处罚制度信息的公示。

□ 处罚依据公开

《行政处罚法》第5条第3款规定："对违法行为给予行政处罚的规定必须公布；未经公布的，不得作为行政处罚的依据。"这是关于处罚依据公开的规定。

处罚依据，是指执法机关对作出违法行为的当事人作出行政处罚决定所依据的法律、法规和规章。我国《立法法》（2015年修正）第5条规定了"立法公开"的原则和要求。立法公开不仅指立法程序公开，而且包括立法结果公开。在"立法公开"原则的指导下，《立法法》（2015年修正）具体规定了法律、法规和规章的公布程序。不依法公开并生效的法律规范，对公民、法人、其他组织以及国家机关都不具有约束力。

直白地说，处罚依据公开就意味着，执法行政机关不可拿出一个锁在抽屉里的秘密文件来处罚公民或企业。

□ 处罚决定公开

《行政处罚法》第48条规定："具有一定社会影响的行政处罚决定应当依法公开。公开的行政处罚决定被依法变更、撤销、确认违法或者确认无效的，行政机关应当在三日内撤回行政处罚决定信息并公开说明理由。"这是关于处罚决定公开的规定，而且是这次修订中的新规定。

关于处罚决定，对当事人当然必须公开。任何处罚决定都必须送达当事人，这就是对当事人的公开。这一点是没有问题的。问题在于,处罚决定是否应当向社会公开。处罚决定对社会的公开,既是对行政处罚机关是否依法处罚的一种监督,同时也是对被处罚的当事人个人隐私的外泄,更是对当事人违法行为的曝光。这种曝光所带来的不利后果(精神上的压力、声誉上的不利影响),可能远大于其他处罚所带来的后果。不少当事人情愿悄悄地接受几千元的罚款,也不愿意不罚款但对社会公布他的违法信息。所以,这一问题成为这次修订中的一个争论焦点。

新修订的《行政处罚法》第 48 条规定已经作了折中,表现为三点限制:一是并不是所有处罚决定都必须公开,仅限于具有一定社会影响的行政处罚决定。二是公开不是怎样公开都可以的,应当"依法"公开。这里的"依法",主要是指依照《政府信息公开条例》所规定的范围、方式和程序来公开。而根据《政府信息公开条例》(2019 年修订)第 14 条和第 15 条规定,公开后可能危及国家安全、公共安全、经济安全、社会稳定的政府信息,以及涉及商业秘密、个人隐私等公开会对第三方合法权益造成损害的政府信息,不得公开。[10] 三是处罚决定公开后,如果该决

---

〔10〕《政府信息公开条例》(2019 年修订)第 14 条规定:"依法确定为国家秘密的政府信息,法律、行政法规禁止公开的政府信息,以及公开后可能危及国家安全、公共安全、经济安全、社会稳定的政府信息,不予公开。"第 15 条又规定:"涉及商业秘密、个人隐私等公开会对第三方合法权益造成损害的政府信息,行政机关不得公开。但是,第三方同意公开或者行政机关认为不公开会对公共利益造成重大影响的,予以公开。"

定是错误的,被依法变更、撤销、确认违法或者确认无效的,行政机关就应当及时纠正信息,即在 3 日内撤回行政处罚决定信息并公开说明理由,以消除对当事人的不利影响。

□ 处罚制度信息公开

《行政处罚法》第 39 条规定:“行政处罚的实施机关、立案依据、实施程序和救济渠道等信息应当公示。”这一规定和上述两项不同,它是要求具有处罚权的行政主体,应当以一定的方式公示实施机关、立案依据、实施程序和救济渠道等信息,以便让公民、法人或者其他组织知晓:谁有权处罚?什么情况下可以立案?如何实施处罚?当事人不服处罚如何寻找权利救济?这也是一项便民服务措施。

公示,是指通过公开的载体展示出来,让公众知晓。公示是公开的一种方式。通常的做法是在处罚实施机关的官方网站上登载上述信息。

□ 原则 4:处罚和教育相结合

教育是影响人的身心发展的社会实践活动。《行政处罚法》始终贯彻处罚和教育相结合,而且坚持以教育为重,不是以处罚为重。处罚的最终目的也是教育人民群众自觉守法。

《行政处罚法》第 6 条规定:“实施行政处罚,纠正违法行为,应当坚持处罚与教育相结合,教育公民、法人或者其他组织自觉守法。”这就很好地表达了这一原则。

《行政处罚法》对处罚和教育相结合这一原则，既有直接条文的表达，也有具体制度的体现。

《行政处罚法》第 33 条规定："违法行为轻微并及时改正，没有造成危害后果的，不予行政处罚。初次违法且危害后果轻微并及时改正的，可以不予行政处罚。当事人有证据足以证明没有主观过错的，不予行政处罚。法律、行政法规另有规定的，从其规定。对当事人的违法行为依法不予行政处罚的，行政机关应当对当事人进行教育。"这里确立和肯定的"轻微不罚""初次不罚""无错不罚"三项制度，本身就是为了进一步体现"多教育、少处罚"的指导思想。特别是第33 条第3 款"对当事人的违法行为依法不予行政处罚的，行政机关应当对当事人进行教育"的规定，就是要求执法人员对于依法不处罚的当事人不要一放了之，应当给予批评教育。

原则 5：权利救济

《行政处罚法》第 7 条规定："公民、法人或者其他组织对行政机关所给予的行政处罚，享有陈述权、申辩权；对行政处罚不服的，有权依法申请行政复议或者提起行政诉讼。公民、法人或者其他组织因行政机关违法给予行政处罚受到损害的，有权依法提出赔偿要求。"由此确立了行政处罚中的权利救济原则。

权利救济原则源于法治文明。法谚道：没有救济的权利不是真正的权利。或者说：有权利，就有救济（*Ubi jus, ibi remedium*）。

1215 年的英国《自由大宪章》就确立了每个人都有对自己权利进行防卫的权利,并将它作为"自然公正原则"的一部分。《世界人权宣言》第 8 条规定:"任何人当宪法或法律所赋予他的基本权利遭受侵害时,有权由合格的国家法庭对这种侵害行为作有效的补救。"

中国作为一个推进全面依法治国的社会主义法治国家,特别注重对公民权利的尊重和保护。我国《宪法》确立了"人权原则",规定"国家尊重和保障人权"。《宪法》还确认了公民的基本权利并提供了有效的保护措施,特别规定:"中华人民共和国公民对于任何国家机关和国家工作人员,有提出批评和建议的权利;对于任何国家机关和国家工作人员的违法失职行为,有向有关国家机关提出申诉、控告或者检举的权利,但是不得捏造或者歪曲事实进行诬告陷害。对于公民的申诉、控告或者检举,有关国家机关必须查清事实,负责处理。任何人不得压制和打击报复。由于国家机关和国家工作人员侵犯公民权利而受到损失的人,有依照法律规定取得赔偿的权利。"也就是说,我国行政处罚法上的权利救济原则,是有宪法渊源和宪法依据的。

行政处罚法中的权利救济原则,包含但不限于三个方面的内容:

1. 作为当事人的公民、法人或者其他组织,具有行政处罚程序的参与权。即在行政处罚过程中,当事人享有陈述权、申辩权,以及一定条件下的听证权,并且行政机关不得因当事人的陈述和申辩,加重对他的处罚。

2. 作为当事人的公民、法人或者其他组织,对行政处罚决定不服的,有权申请复议或提起诉讼。依照《行政复议法》和《行政诉讼法》的规定,行政处罚行为是第一类可诉的行政行为。《行政处罚法》第 73 条第 3 款还新增规定:"当事人申请行政复议或者提起行政诉讼的,加处罚款的数额在行政复议或者行政诉讼期间不予计算。"这一规定消除当事人的后顾之忧。

3. 行政处罚违法甚至无效给当事人造成损害的,有权获得行政赔偿。《国家赔偿法》(2012 年修正)第 3 条和第 4 条明文将违法的行政处罚行为列入行政赔偿范围。[11]

---

〔11〕《国家赔偿法》(2012 年修正)第 3 条规定:"行政机关及其工作人员在行使行政职权时有下列侵犯人身权情形之一的,受害人有取得赔偿的权利:(一)违法拘留或者违法采取限制公民人身自由的行政强制措施的;(二)非法拘禁或者以其他方法非法剥夺公民人身自由的;(三)以殴打、虐待等行为或者唆使、放纵他人以殴打、虐待等行为造成公民身体伤害或者死亡的;(四)违法使用武器、警械造成公民身体伤害或者死亡的;(五)造成公民身体伤害或者死亡的其他违法行为。"第 4 条又规定:"行政机关及其工作人员在行使行政职权时有下列侵犯财产权情形之一的,受害人有取得赔偿的权利:(一)违法实施罚款、吊销许可证和执照、责令停产停业、没收财物等行政处罚的;(二)违法对财产采取查封、扣押、冻结等行政强制措施的;(三)违法征收、征用财产的;(四)造成财产损害的其他违法行为。"

思考题

1.《行政处罚法》确立了哪些基本原则？

2. 行政处罚法基本原则在行政处罚的设定和实施中如何应用和体现？

第三讲

《行政处罚法》怎样适用？

法律适用是指将法律规范应用于事实的过程。实施行政处罚必须正确适用法律,否则会构成适用法律错误。旧《行政处罚法》对法律适用规则未作规定。新修订的《行政处罚法》对法律适用问题比较重视。

作为处罚依据的法

前面讲过,有关行政处罚的行为可分为两大部分:一是对行政处罚的设定,这其实是一种有关行政处罚的立法行为;二是对行政处罚的实施,这其实是一种有关行政处罚的行政行为。《行政处罚法》的调整范围正覆盖这两类行为,它对有关行政处罚的设定和有关行政处罚的实施作出集中规定。

《行政处罚法》既规制有关行政处罚的立法行为,又规制有关行政处罚的行政行为。从这一意义上说,行政处罚的依据也应当是两个方面:一是有关行政处罚设定方面的立法依据;二是有关行政处罚实施方面的行为依据。

有关行政处罚设定方面的立法依据主要是两个法律,即《立法法》和《行政处罚法》。《立法法》重点解决有关行政处罚设定方面的立法技术问题,《行政处罚法》则是解决有关行政处罚设定方面的专业问题。两者相辅相成,不可偏废。

有关行政处罚实施方面的行为依据,其最基本的依据当然是《行政处罚法》,此外,还包括其他和《行政处罚法》相配套、衔接的法律、法规和规章,如《治安管理处罚法》《道路交通安全法》《土地管理法》等。

《行政处罚法》本身已表明了这一点。其第 4 条规定:"公民、法人或者其他组织违反行政管理秩序的行为,应当给予行政处罚的,依照本法由法律、法规、规章规定,并由行政机关依照本法规定的程序实施。"这里的"依照本法由法律、法规、规章规定",就是指作为"本法"的《行政处罚法》和其他"法律、法规、规章"。

作为基本法的《行政处罚法》

在中国行政法律体系中,规制行政行为方面已有三个基本法:集中统一规制行政许可行为的《行政许可法》,它于 2003 年制定,后经 2019 年修正;集中统一规制行政强制行为的《行政强制法》,它于 2011 年制定,未曾经过修订;还有集中统一规制行政处罚行为的《行政处罚法》。它们都属于某个行政行为领域的基本法。

我国的基本法是指某个领域的基础性法律。它有两个方面的属性:一是法律。它一定是由全国人大及其常委会制定。行政法规、地方性法规和规章不可能成为基本法。二是基础性法律。它不属于法典,因为法典是对某一主题的基础性法律规范与非基础性规范按一定体例作集中编纂。基础性法律,意味着它只规定了基础性部分,非基础性部分则由其他法律、法规和规章作出规定。

我国的基本法存在于两个层次上:一是作为宪法性法律的基本法,如《香港特别行政区基本法》和《澳门特别行政区基本法》;二是作为部门法层面的基本法,《行政处罚法》和《行政许可法》及《行政强制法》一样,属于部门法层面上的基本法。

作为基本法的《行政处罚法》,属于行政处罚领域的基础性法律,是所有行政处罚法律规范中的基础,是一幢大厦的“底座”。“底座”不稳,整个“大厦”就会顷刻倒塌,所以,上层的法律规范都必须和它相对应并符合它的精神。

作为基本法的《行政处罚法》,属于行政处罚领域的总则法。它相当于整个法律规范体系中的总则部分,它将统领各分则。

作为基本法的《行政处罚法》,属于行政处罚领域的普通法。也就是说,在个别与一般的关系中,它属于一般法而不是个别法。它所确立的规则具有普遍适用性。

《行政处罚法》第3条规定:“行政处罚的设定和实施,适用本法。”这表明了《行政处罚法》的普遍适用性,在我国所有“行政处罚的设定”和“行政处罚的实施”,都必须适用《行政处罚法》。这就是基本法的法律适用地位。

当然,要具体细化《行政处罚法》的适用问题,还得讨论几个法律关系中的法律适用问题。

《行政处罚法》与其他法的关系

如何适用《行政处罚法》,涉及三个关系的讨论:《行政处罚法》与宪法的关系;《行政处罚法》与同位法的关系;《行政处罚法》与下位法的关系。

《行政处罚法》与宪法的关系

《行政处罚法》第1条表明,它是直接依据《宪法》而制定。《宪法》是《行政处罚法》的依据法。宪法是国家的根本法,处于最高的法律位阶,具有最高的法律地位、法律权威和法律效力,一切法律、法规和规章都不得和它抵触,否则就不具有法律效力。

所以,它们之间的法律适用关系很简单,《行政处罚法》的任何内容都不得和宪法相抵触,否则无效。

当然,由于宪法是根本法,它不会对行政处罚作出具体规定,《行政处罚法》和宪法抵触的"机会"很少。《行政处罚法》必须依据宪法、服从宪法,主要是从法治精神和法治原则上讨论的。

□《行政处罚法》与同位法的关系

这里还需要进一步区分几种法律关系：

1. 作为基本法的《行政处罚法》与其他法律的关系：《行政处罚法》具有优先适用力。

如前所述，《行政处罚法》是我国所有行政处罚法律规范中的基本法。作为基本法，它在所有行政处罚的法律规范中起统率作用，它具有优先适用力。无论是行政处罚的设定，还是行政处罚的实施，都必须服从《行政处罚法》。为此，《行政处罚法》第 3 条规定："行政处罚的设定和实施，适用本法。"而且，这一条文没有设置例外条款。[1] 第 4 条还规定："公民、法人或者其他组织违反行政管理秩序的行为，应当给予行政处罚的，依照本法由法律、法规、规章规定，并由行政机关依照本法规定的程序实施。"这里是说，在行政处罚的实施中，首先是依据《行政处罚法》，其次才是依据其他有关的法律、法规和规章。

《行政处罚法》作为基本法，它与其他同位法的关系相当于总则与分则的关系。总则统率分则，分则可以对总则作细化规定，但精神上、原则上和具体规定上，不得和总则不一致，除非总

---

〔1〕 我国台湾地区"行政罚法"第 1 条确立了优先适用的明示模式，但同时设置了例外规定。其 2011 年修订的"行政罚法"第 1 条规定：违反"行政法"上义务而受罚锾、没入或其他种类行政罚之处罚时，适用"本法"。但其他"法律"有特别规定者，从其规定。

则中设有"例外"条款。《行政处罚法》在所有关于行政处罚的法律规范中,如果没有优先适用的地位,所谓"基本法"就失去意义了。

2. 作为一般法的《行政处罚法》与特别法律之间的关系:在设有"例外"条款的前提下,特别法优于《行政处罚法》。

作为基本法的《行政处罚法》肯定同时属于一般法而不是特别法。因为,基本法是对基本法律关系,而不是对特别法律关系的规定。而同一机关制定的法律之间,特别法应当优于一般法,这是《立法法》所确立的法律适用规则之一。[2]

如果"特别法应当优于一般法"的规则,在处理作为基本法的《行政处罚法》与作为同位法的其他法律之间的关系中可以无条件地使用,那么,作为基本法的《行政处罚法》必然被"架空"。因为,作为基本法的《行政处罚法》,必然同时属于一般法,而其他任何一个领域有关行政处罚的规定都将成为特别法。如果其他的特别法都可以优于作为一般法的《行政处罚法》优先适用,那么,《行政处罚法》的基本法地位事实上全被剥夺了。

当年《行政处罚法》与《道路交通安全法》关于简易处罚程

---

〔2〕《立法法》(2015 年修正)第 92 条规定:"同一机关制定的法律、行政法规、地方性法规、自治条例和单行条例、规章,特别规定与一般规定不一致的,适用特别规定……"

序规定上的不一致引发了一场争论。原《行政处罚法》第 33 条规定,行政执法机关对公民违法事实确凿并有法定依据,处 50 元以下罚款的,可以当场处罚。但《道路交通安全法》(2011 年修正)第 107 条第 1 款规定:"对道路交通违法行为人予以警告、二百元以下罚款,交通警察可以当场作出行政处罚决定,并出具行政处罚决定书。"对个人当场处罚的罚款标准应当是 50 元以下还是 200 元以下,两者规定不一致。到底应当适用哪个法?主张适用《道路交通安全法》者,理由是特别法优于一般法;主张适用《行政处罚法》者,理由是《行政处罚法》是基本法,《道路交通安全法》则是普通法,普通法必须服从基本法。

我们的观点是:特别法优于一般法的规则并不涉及基本法。当遇到基本法的情况下,只有在基本法本身设有"例外"规定时,方可适用特别法优于一般法的规则。如果没有"例外"规定,特别法也必须服从作为基本法的一般法。

原《行政处罚法》第 33 条规定:"违法事实确凿并有法定依据,对公民处以五十元以下、对法人或者其他组织处以一千元以下罚款或者警告的行政处罚的,可以当场作出行政处罚决定。当事人应当依照本法第四十六条、第四十七条、第四十八条的规定履行行政处罚决定。"而新修订的《行政处罚法》第 51 条规定:"违法事实确凿并有法定依据,对公民处以二百元以下、对法人或者其他组织处以三千元以下罚款或者警告的行政处罚的,可以当场作出行政处罚决定。法律另有规定的,从其规定。”新的规定不仅对适用简易程序的标准作了调整，还增加了“除外”（例外）条款。

所以，关于适用简易处罚程序的规定，《行政处罚法》与《道路交通安全法》不一致时，当年应当适用《行政处罚法》，新《行政处罚法》生效以后应当适用《道路交通安全法》。当然，现在由于罚款标准的统一，往日的争议不会再次发生。

新修订的《行政处罚法》有十处〔3〕设定了“除外”条款，这是我们在处理《行政处罚法》与其他同位法关系时必须关注的地方。

3. 作为新旧法的《行政处罚法》与作为新旧法的其他法律之间的关系：适用于同一性质的法律规范之间。

《立法法》不仅确立了“特别法优于一般法”的适用规则，同时还确立了“新法优于旧法”的适用规则。《立法法》（2015 年修正）第 92 条规定：“同一机关制定的法律、行政法规、地方性法规、自治条例和单行条例、规章……新的规定与旧的规定不一致的，适用新的规定。”

“新法优于旧法”的适用规则，同样不得对抗《行政处罚法》作为基本法的地位。“新法优于旧法”规则应用于《行政处罚法》与其他同位法的关系上，不仅限于同一机关制定的法律之间，而且还限于同一性质的法律规范之间。也就是说，只有当都

---

〔3〕 见新修订《行政处罚法》第 22、23、28、33、36、42、51、60、73、84 条。

属于基本法的不同法律规范之间,或者都属于普通法的不同法律规范之间,抑或都属于特别法的不同法律规范之间发生不一致时,才适用“新法优于旧法”规则。

□《行政处罚法》与下位法的关系

这一关系比较简单,当作为下位法的行政法规、地方性法规和规章和作为上位法的《行政处罚法》规定不一致(抵触)时,下位法一律服从上位法。只有当下位法属于《行政处罚法》所设置的“除外”条款所包括的范围时,才可优先适用。

如新修订的《行政处罚法》第 60 条规定:“行政机关应当自行政处罚案件立案之日起九十日内作出行政处罚决定。法律、法规、规章另有规定的,从其规定。”这就意味着,关于行政机关完成行政处罚的期限,《行政处罚法》的规定与其他法律、法规、规章规定不一致的,应当优先适用其他的法律、法规、规章规定。

法律适用的其他问题

新修订的《行政处罚法》第 37 条规定:“实施行政处罚,适用违法行为发生时的法律、法规、规章的规定。但是,作出行政处罚决定时,法律、法规、规章已被修改或者废止,且新的规定处罚较轻或者不认为是违法的,适用新的规定。”

这里明确了两项适用规则:一是属地主义。即无论当事人在哪里注册或户籍地、居住地在哪里，只要他的违法行为发生在本地，就适用本地的法律规范。在人地法与行为地法之间，应当选择属地主义，适用当事人行为地法律规范。二是有利于当事人主义。即作出行政处罚决定时，法律、法规、规章已被修改或者废止，且新的规定处罚较轻或者不认为是违法的，适用新的规定。这里同时包含另一层意思，如果修改后的规定比当事人违法行为发生时的规定对当事人更为不利，应当适用当事人违法行为发生时的规定。这是前后都按有利于当事人的原则选择。

行政处罚的适用规则，总体上是适用当事人违法行为“地”和违法行为“时”的规定。当事人行为地规定与当事人所在地规定或处理机关所在地规定不一致时，适用当事人行为地规定；当事人行为时规定与对当事人处理时的规定不一致时，则适用有利于当事人的规定。这些适用规则内容，是新修订的《行政处罚法》首次明确的。

另外，新修订的《行政处罚法》第 84 条规定：“外国人、无国籍人、外国组织在中华人民共和国领域内有违法行为，应当给予行政处罚的，适用本法，法律另有规定的除外。”这是首次强调，外国人（含无国籍人）和外国组织在中国不是“法外之地”，他们在我国领域内作出违法行为的，同样必须适用中国的法律予以处罚，除非法律另有特别规定。

思考题

1. 如何理解《行政处罚法》作为行政处罚领域基本法的地位?

2. 在法律适用中如何处理《行政处罚法》与其他同位法的关系?

第四讲

怎样辨别行政处罚行为？

《行政处罚法》是集中规范行政处罚的基本法。那么，什么是“行政处罚”呢？在各种各样的行政行为中，如何辨别行政处罚与非行政处罚呢？

行政处罚的定义

原《行政处罚法》并没有对“行政处罚”下定义，给我们正确辨认行政处罚行为带来了困难。新修订的《行政处罚法》弥补了这一不足。

原来，在我国有关行政行为的三大基本法中，只有《行政处罚法》未对“行政处罚”下定义。《行政许可法》对“行政许可”下了定义；《行政强制法》不仅对“行政强制”作了解释，而且还对作为其组成部分的两大基本行为，即“行政强制措施”和“行政强制执行”下了定义。

之所以只有《行政处罚法》没有对“行政处罚”下定义，是因为在三个行政行为的基本法中，《行政处罚法》是制定得最早的，它于 1996 年制定，当时人们还不习惯在法律中下定义。《行政许可法》是 2003 年制定的，《行政强制法》是 2011 年制定的，这时人们已习惯于在立法中下定义了。

世界上不少国家和地区的立法，一定要对法律所调整的主题概念进行界定，下一个标准定义。因为概念的确定性和准确性有助于提高整个法律的确定性和准确性。在现实中，任何概念都存在一定的不确定性、模糊性，这一现实无法改变。但我们需要做的是，每个法律一定要表明该法律所规制的主题概念是什么。中国从21世纪以来，大多法律都已开始为主题概念下定义了。

正因为原先的《行政处罚法》没有对"行政处罚"这一主题概念下定义，造成了人们往往从"名称"形式上认定行政处罚行为，如"警告""罚款""没收""行政拘留"等就是行政处罚，不用这些名称的，就不被认定为"处罚"。特别是，这就造成有的行政机关对一些特别的行政处罚，冠之以非行政处罚名称而逃脱《行政处罚法》的约束。如交警对交通违法当事人进行"罚岗"，这明明是一种特殊的行政处罚，但说成"教育措施"和"体验措施"。

这次修订，新法增加了"行政处罚"的定义，引导人们从实质上辨别行政处罚行为。《行政处罚法》第2条规定："行政处罚是指行政机关依法对违反行政管理秩序的公民、法人或者其他组织，以减损权益或者增加义务的方式予以惩戒的行为。"也就是说，无论形式和名称是什么，只要为了制裁当事人的违法行为，要求他承受减损权益或者增加义务的不利后果，就属于行政处罚，无论在名称上是否标有"行政处罚"。这就全面准确地把握住了"行政处罚"的内涵与外延，真正把握住了"行政处罚"的法律特征。

三大元素

新修订的《行政处罚法》第2条对“行政处罚”所下的定义，反映了几个内容元素:主体、对象、客体。准确理解这三个元素，有助于准确把握“什么是行政处罚”这一问题。

1. 主体。从主体上说，实施行政处罚的主体是国家行政机关。行政处罚是由国家行政机关作出的一种行政行为。如果是立法机关、司法机关、监察机关、军事机关所作出的处罚行为，就不是行政处罚。比如，人民法院在诉讼过程中，对于妨碍诉讼程序的当事人进行罚款或拘留，就不属于行政处罚。

2. 对象。行政处罚是行政机关针对公民、法人或者其他组织所作的处罚，即行政主体针对行政相对人所作的处罚。这是一种外部关系，体现为国家对社会的管理，而不是国家的内部关系，也不是一个单位的内部隶属关系或劳动关系。所以，国家对公务员的政务处分、单位对内部人员的纪律处分等，都不属于行政处罚。

3. 客体。行政处罚本质上是行政主体对行政相对人的一种裁制。制裁就是以相对人的违法为前提，强制相对人接受一种额外的付出，对其以减损权益或者增加义务的方式予以惩戒。如果强制当事人接受一种不利后果，但没有制裁的性质，如责令当事人退返骗取的国家基金或国家奖励，或者对行政处罚决定的强制执行，这些都不是行政处罚。

重要而困难

但是,要准确而轻松地辨别行政处罚行为,只讲到这里是不够的。到此为止,我们可能还不足以全面而准确地把握“行政处罚”这种行为。

准确把握“行政处罚”,正确辨别行政处罚行为和非行政处罚行为,是一项既非常重要又非常困难的工作。

说它“非常重要”,乃是因为能否正确辨别行政处罚行为和非行政处罚行为,关系着能否正确适用法律,能否保证依法行政与合法行政。

交警扣押驾照,是行政处罚还是行政强制措施?属于行政处罚就适用《行政处罚法》,属于行政强制措施就得适用《行政强制法》。行政机关征收滞纳金,属于行政处罚还是行政强制执行?如果属于行政处罚,当然适用《行政处罚法》,如果属于执行罚,那就得适用《行政强制法》了。我国目前的行政法适用体系,在无行政法典的情况下,不同的行政行为是由不同的法律调整的。正确分辨不同的行政行为,是正确适用法律的前提。

说它“非常困难”,又是因为分辨一种行为是“行政处罚”还是“非行政处罚”并不是一件容易的事。特别是,不少行为手段可以成为多种行为的手段。不能说“警告”就是行政处罚:行政处罚中有“警告”,政纪处分中也有“警告”。不能说“拘留”就是行政处罚:行政处罚中有“拘留”,另外还存在“刑事拘留”和“司法拘留”。

四个问题

不妨测试一下。请回答以下四个问题:

问题1:公安交警部门对当事人扣证(驾照)的行为是否属于行政处罚?

问题2:政府机关对土地使用者收回依法出让的国有土地使用权的行为是否属于行政处罚?

问题3:对外国人驱逐出境,是否属于行政处罚?

问题4:将不文明行为人列入失信名单(黑名单),是否属于行政处罚?

我们对这些问题先搁一搁。进一步展开讨论行政处罚的法律特征,一定会有助于我们回答上述问题。

分辨什么是行政处罚、什么不是行政处罚,只是解读一个定义、三个内容元素是不够的,还必须掌握“行政处罚”的六个法律特征。

六个法律特征

1. 行政处罚是一种行政行为,不是立法行为、司法行为、监察行为,更不是民事行为等。所谓行政行为,是指由行政主体基于行政职权,针对公民、法人或者其他组织作出的,并影响其权利与义务的管理行为。行政处罚是属于行政行为的一种，所以它具有行政行为的共性。

2. 行政处罚是一种依职权行为，不是依申请行为。依申请行为是指这种行政行为的启动须以当事人的申请为前提，当事人不申请，行政机关不得主动行为，如行政裁决、行政复议等；依职权行为正好相反，它无须当事人申请这一前提，行政机关单方就可依法启动，如行政征收征用、行政强制措施等。行政处罚属于依职权行为，行政机关可以依职权依法主动发起并作出。

3. 行政处罚是一种单方行为，不是基于合意的双方行为。一种行政行为的最终形成，须以双方主体（行政主体与行政相对人）协商一致，即双方的合意为基础，这种行为就是双方行为，也被称作行政协议；如果行政主体单方就可决定行政行为的成立，无须以行政主体与行政相对人的双方合意为基础，这就是单方行为。行政处罚是一种单方行为，行政处罚决定由行政机关依法作出，不以相对人的意志为转移。

4. 行政处罚是一种结果行为，不是过程行为。行政行为一般都会经历一个过程，以至于有人说“行政行为”就是一个“过程”。在这一过程中往往会出现多个行为、多种行为，直到最后形成一个行为表示对事件处理完毕，这个行为就是结果行为，而前面出现的多个行为或多种行为都属于过程行为。过程行为具有临时性、中间性的特点，所以也被称作临时行为或中间行为；

结果行为具有最终性和封闭性，它意味着对整个事件的“了结”，所以结果行为也被称作最终行为或封闭行为。比如，执法机关在道路上执法，一辆载货大车徐徐开来，形迹可疑，执法人员上前一拦，要求停车，这时出现了第一个行为，即“行政命令”；车子停下后，执法人员爬上车辆检查货物，这时出现第二个行为，即“行政检查”；检查后发现货物有走私嫌疑，便扣留车辆和货物，要求当事人等候调查处理，这时出现了第三个行为，即“行政扣留”（属于行政强制措施）；经过两个月的调查，最终认定当事人走私，便作出决定，没收货物、罚款5万元，这就出现了第四个行为，即“行政处罚”。只有第四个行为作出，才意味着这件事处理完毕，整个行政程序实现了封闭。在这里，前面的行政命令、行政检查、行政扣留都属于过程行为，是行政程序中的一个环节，而最后作出的“没收货物、罚款5万元”的决定才是结果行为，它具有封闭性，意味着整个处理程序的完毕。并不是所有的结果行为都是行政处罚，但行政处罚一定属于结果行为；中间行为不可能是处罚行为。

5. 行政处罚是一种不利行为，不是一种有利行为。这里的“有利”“不利”是从当事人的角度讲的。一种行政行为的作出，其行为效果给当事人带来益处，增加权利或减少义务，这是有利行为，也称授益行为；相反，如果一种行政行为给当事人带来不利，减损权利或增加义务，这就叫不利行为，或称侵益行为。行政处罚肯定是一种不利行为，但不利行为并非全是行政处罚。

6. 行政处罚是一种制裁行为，不是奖励行为。在所有的法律特征中，这一特征是最关键的。制裁性是行政处罚最为核心的特征。那么，如何理解“制裁性”呢？

□ 制裁性

制裁，也称惩罚，系指强制犯错的当事人承受一种不利后果作为代价。就行政处罚而言，其制裁性主要表现为三点：

1. 它以当事人违法为前提。因为制裁是国家因当事人的违法行为而对当事人实施的惩罚，它必须是针对当事人的违法行为，即违反行政管理秩序的行为。对当事人是否处罚，以及作何种处罚，都是由当事人违法行为是否成立、何种违法以及危害程度如何所决定。是当事人的违法决定了处罚，而不是处罚决定了当事人的违法。所以，强制当事人承受不利后果，这种后果只有作为当事人违法行为的一种“代价”时才属于行政处罚，否则不属于处罚。这在认定方法上要把握：当行政机关针对当事人作出一种不利行为时，看此行为是不是基于当事人的违法行为而作出的，如果缺少这一前提，肯定不是行政处罚。如政府基于公共利益的需要，依法征收当事人所有的房屋，这虽然导致当事人房屋所有权的灭失，但这不是行政处罚行为，而是属于行政征收行为。

2. 它以对当事人违法的惩罚为目的。行政处罚不仅以当事人违法为前提，而且是出于对当事人违法行为的惩罚而作出。所以，行政处罚的目的是惩罚当事人的违法行为。如果是出于维护社会秩序、防止和制止社会危害事件的发生而作出的行为，虽然对当事人不利，其也不属于行政处罚。比如，当事人殴打他人，违反治安管理，公安机关对他拘留 14 日，限制他 14 日的人身自由，这是行政处罚；但是，如果当事人有携带新冠肺炎病毒嫌疑，政府防疫部门对他强制隔离 14 日，虽然这 14 日中他的人身自由同样在一定程度上受到限制，但这不是行政处罚，而是行政防疫措施。因为强制隔离的目的不是惩罚他，而是预防新冠肺炎的传播。

3. 它以强制当事人额外付出为代价。行政处罚是为了让当事人承受不利后果，作为违法行为的一种代价。但这种代价必须是“额外”的，让当事人有“额外”的付出，这才能让他感受到“痛”，从而吸取教训，以防下次重犯。行政处罚是“对价”而不“等价”。所谓“对价”，是指让当事人承受的不利后果是作为一种当事人违法行为的“代价”。违法行为越严重，代价也就越高。所谓“等价”，是指当事人所承受的不利后果并未超过违法的直接损害。比如，当事人毁坏一株苗，政府责令他补种一株苗，这不是行政处罚，这是“等价”的修复，不具有惩罚性；但如果政府责令他补种十倍的苗，这就具有惩罚性，当事人承受了

“额外”的付出。[1] 又如,当事人开车违章撞坏的公路隔离栏,如果仅仅责令当事人修复被他撞坏的公路隔离栏,这属于“等价赔偿”,不是处罚。如果除了修复,还要对他罚款 1000 元,这就是处罚了。因为修复公路隔离栏,是等价赔偿的一种方式,不是一种额外的付出;在修复之外,还要罚款,这就是额外的付出了。

三个边界

在行政执法实践和行政法学理论上,我们最易混淆的是行政处罚与三种其他行政行为之间的界限,即行政处罚与行政强制措施、行政处罚与行政强制执行、行政处罚与纠正违法。

行政处罚与行政强制措施

这两种行为很相似,它们都会给当事人带来不利后果。如

---

〔1〕 如我国《森林法》(2019 年修订)第 74 条规定:“违反本法规定,进行开垦、采石、采砂、采土或者其他活动,造成林木毁坏的,由县级以上人民政府林业主管部门责令停止违法行为,限期在原地或者异地补种毁坏株数一倍以上三倍以下的树木,可以处毁坏林木价值五倍以下的罚款;造成林地毁坏的,由县级以上人民政府林业主管部门责令停止违法行为,限期恢复植被和林业生产条件,可以处恢复植被和林业生产条件所需费用三倍以下的罚款。违反本法规定,在幼林地砍柴、毁苗、放牧造成林木毁坏的,由县级以上人民政府林业主管部门责令停止违法行为,限期在原地或者异地补种毁坏株数一倍以上三倍以下的树木。向林地排放重金属或者其他有毒有害物质含量超标的污水、污泥,以及可能造成林地污染的清淤底泥、尾矿、矿渣等的,依照《中华人民共和国土壤污染防治法》的有关规定处罚。”

查封、扣押、冻结、扣证、吊证等，这些手段中，有的是强制措施，有的是处罚。区别方式最主要的是三条：一是前提不同。行政处罚是以当事人的违法为前提，行政强制措施不一定以当事人的违法为前提。二是目的不同。行政处罚的直接目的是制裁当事人，而行政强制措施不以制裁为目的，而是保证行政程序的继续，或者为了预防和制止社会危害事件的发生和继续。三是行政处罚是结果行为，具有封闭性，而行政强制措施是过程行为，具有中间性和临时性。

□ 行政处罚与行政强制执行

行政处罚与行政强制执行都属于不利行为，其结果都会给当事人带来不利。它们又都属于结果行为，都具有封闭性。但它们之间的区别也是明显的：一是基础行为与执行行为。行政处罚是一个基础行为，行政强制执行是一种执行行为，它只有在当事人不履行行政处罚决定时才会发生。二是意思行为与物理行为。行政处罚实际上是一个行政处罚“决定”，这是一种“意思行为”，行政强制执行是对这种“处罚决定”的“执行措施”。所以，前者是“意思行为”，后者是“物理行为”，它具有物理性的“动作”。

《行政处罚法》第 72 条第 1 款第 1 项规定，当事人逾期不缴纳罚款的，行政机关可以对他每日按罚款数额的 3% 加处罚款。这里出现了两个“罚款”。请问如何定性？第一个“罚款”属于行政处罚，第二个“罚款”则属于行政强制执行（执行罚）。

行政处罚与纠正违法

纠正违法包括行政机关直接纠正当事人的违法或者责令当事人自我纠正违法，而且纠正行为包括作为与不作为。行政处罚与纠正违法确实不易区别，因为它们都以当事人违法为前提，并且都是不利行为和结果行为。而且，以前有一种观点是把“责令拆除违法建筑”等责令纠错行为视为行政处罚[2]，这更增添了这条“界线”的模糊性。

行政处罚和纠正违法，都是针对当事人的违法行为而发动，但两者是有区别的：一是行政处罚属于“处分”行为，它是对当事人权利和利益的一种处分（包括取消和限制），而责令当事人纠正违法是一种“命令”行为，如果行政机关直接纠正当事人的违法，则是一种行政强制执行；二是行政处罚是让当事人承受一种“额外”的付出，而纠正违法仅仅是恢复原状，让违法状态恢复到原始的合法状态。

根据《行政处罚法》的规定，就当事人而言，违法当事人不仅要接受行政处罚，同时还必须纠正违法；就行政机关而言，在对当事人实施行政处罚的同时，一定要同时责令当事人纠正违

---

〔2〕 这次《行政处罚法》的修订过程中，曾经有一稿将“责令拆除违法建筑”列入“行政处罚种类”之中，后因受到大量批评而最终取消。

法，不得以处罚代替纠正违法。为此，《行政处罚法》第 28 条第 1 款规定："行政机关实施行政处罚时，应当责令当事人改正或者限期改正违法行为。"

□ 事例分析

为区别行政处罚与纠正违法，这里可分析几个事例：

事例一：当事人申报并获得了国家科技进步奖，事后发现获奖者剽窃、侵占他人的发现、发明或者其他科学技术成果，以其他不正当手段骗取国家科学技术奖，政府主管部门就依据《国家科学技术奖励条例》（2020 年修订）第 30 条[3]规定，撤销奖励，追回奖章、证书和奖金，同时依据第 33 条[4]规定，将当事人记入科研诚信严重失信行为数据库，并共享至全国信用信息共享平台，按照国家有关规定实施联合惩戒。在这里，"撤销奖励，追回奖章、证书和奖金"不是处罚，而是纠正违法；将当事人"记入科研诚信严重失信行为数据库，并共享至全国信用信息共享平台，按照国家有关规定实施联合惩戒"，这属于处罚，准确地说，是"其他罚"。

---

〔3〕《国家科学技术奖励条例》（2020 年修订）第 30 条规定："获奖者剽窃、侵占他人的发现、发明或者其他科学技术成果的，或者以其他不正当手段骗取国家科学技术奖的，由国务院科学技术行政部门报国务院批准后撤销奖励，追回奖章、证书和奖金，并由所在单位或者有关部门依法给予处分。"

〔4〕《国家科学技术奖励条例》（2020 年修订）第 33 条规定："对违反本条例规定，有科研诚信严重失信行为的个人、组织，记入科研诚信严重失信行为数据库，并共享至全国信用信息共享平台，按照国家有关规定实施联合惩戒。"

事例二：当事人以欺诈、贿赂等不正当手段取得律师执业证书的，司法行政部门依据《律师法》(2017 年修正)第 9 条[5]规定撤销准予执业的决定，并注销被准予执业人员的律师执业证书。如果当事人取得律师执业证书是正当的，但事后在办案中贿赂法官，司法行政部门依据《律师法》(2017 年修正)第 49 条[6]规定，吊销其律师执业证书。在这里，“撤销准予执业的决定，并注销被准予执业人员的律师执业证书”，属于纠正违

[5] 《律师法》(2017 年修正)第 9 条规定：“有下列情形之一的，由省、自治区、直辖市人民政府司法行政部门撤销准予执业的决定，并注销被准予执业人员的律师执业证书：(一)申请人以欺诈、贿赂等不正当手段取得律师执业证书的；(二)对不符合本法规定条件的申请人准予执业的。”

[6] 《律师法》(2017 年修正)第 49 条规定：“律师有下列行为之一的，由设区的市级或者直辖市的区人民政府司法行政部门给予停止执业六个月以上一年以下的处罚，可以处五万元以下的罚款；有违法所得的，没收违法所得；情节严重的，由省、自治区、直辖市人民政府司法行政部门吊销其律师执业证书；构成犯罪的，依法追究刑事责任：(一)违反规定会见法官、检察官、仲裁员以及其他有关工作人员，或者以其他不正当方式影响依法办理案件的；(二)向法官、检察官、仲裁员以及其他有关工作人员行贿，介绍贿赂或者指使、诱导当事人行贿的；(三)向司法行政部门提供虚假材料或者有其他弄虚作假行为的；(四)故意提供虚假证据或者威胁、利诱他人提供虚假证据，妨碍对方当事人合法取得证据的；(五)接受对方当事人财物或者其他利益，与对方当事人或者第三人恶意串通，侵害委托人权益的；(六)扰乱法庭、仲裁庭秩序，干扰诉讼、仲裁活动的正常进行的；(七)煽动、教唆当事人采取扰乱公共秩序、危害公共安全等非法手段解决争议的；(八)发表危害国家安全、恶意诽谤他人、严重扰乱法庭秩序的言论的；(九)泄露国家秘密的。律师因故意犯罪受到刑事处罚的，由省、自治区、直辖市人民政府司法行政部门吊销其律师执业证书。”

法;而“吊销其律师执业证书”,属于行政处罚。

四个问题的回答

通过对“行政处罚”概念、特征、边界等理论之考察,现在到了回答前面提出的四个问题的时候了。

问题1:公安交警部门对当事人扣证(驾照)的行为是否属于行政处罚?

这里有两种可能:一是扣证是保障措施,那就不是处罚。如交警依据《道路交通安全法》(2011年修正)第110条第1款规定,认为应当对道路交通违法行为人给予暂扣或者吊销机动车驾驶证处罚的,可以先予扣留机动车驾驶证,并在24小时内将案件移交公安机关交通管理部门处理。这里的“先予扣留机动车驾驶证”,不属于行政处罚,而属于行政强制措施。因为它是过程行为而不是结果行为,并且直接目的不是制裁,而是保证事后处罚程序的畅通。

二是扣证是处罚措施,那就属于处罚。如当事人饮酒后驾驶机动车的,公安机关交通管理部门依据《道路交通安全法》(2011年修正)第91条第1款规定,对当事人作出“暂扣六个月机动车驾驶证”的决定。这一决定属于行政处罚。因为它具有封闭性和制裁性。

问题2:政府机关对土地使用者收回依法出让的国有土地使用权的行为是否属于行政处罚?

《城镇国有土地使用权出让和转让暂行条例》(2020 年修订)第 17 条规定:"土地使用者应当按照土地使用权出让合同的规定和城市规划的要求,开发、利用、经营土地。未按合同规定的期限和条件开发、利用土地的,市、县人民政府土地管理部门应当予以纠正,并根据情节可以给予警告、罚款直至无偿收回土地使用权的处罚。"

这里的"收回土地使用权",不仅《城镇国有土地使用权出让和转让暂行条例》已将它定性为行政处罚,而且从理论上分析也应当如此。因为:(1)它以当事人的违法为前提。当事人未按合同规定的期限和条件开发、利用土地,这本身就是违法行为。(2)"收回土地使用权"是一种对当事人不利的结果行为,具有封闭性。

问题 3:对外国人驱逐出境,是否属于行政处罚?

对外国人驱逐出境,既可作为一种刑罚(附加刑)〔7〕,也可作为一种行政处罚〔8〕。仅就行政处罚而言,公安机关对外国人作出"驱逐出境"的决定,属于"行政处罚决定";在一定期限内,由警察强制押送当事人登上出境飞机,或押送到边界把当事

〔7〕《刑法》(2020 年修正)第 35 条规定:"对于犯罪的外国人,可以独立适用或者附加适用驱逐出境。"

〔8〕《治安管理处罚法》(2012 年修正)第 10 条规定:"治安管理处罚的种类分为:(一)警告;(二)罚款;(三)行政拘留;(四)吊销公安机关发放的许可证。对违反治安管理的外国人,可以附加适用限期出境或者驱逐出境。"

人逐出国门,这属于对“驱逐出境处罚决定”的强制执行。

问题4:将不文明行为人列入失信名单(黑名单),是否属于行政处罚?

这一问题非常复杂,不能一概而论。这里有多种可能,最常见的有下列三种:

第一种是人民法院将执行“老赖”列入失信“黑名单”,然后限制其高消费。其法律依据是《民事诉讼法》(2017年修正)第255条。该条规定:“被执行人不履行法律文书确定的义务的,人民法院可以对其采取或者通知有关单位协助采取限制出境,在征信系统记录、通过媒体公布不履行义务信息以及法律规定的其他措施。”这种行为不是行政处罚,而属于司法执行措施。

第二种是企业将某些交易人列入失信“黑名单”,从而调整和限制自己与其合作和交易的做法。例如,银行将某些失信的企业和个人列入“黑名单”,然后限制对其的贷款。这同样不是行政处罚,而是民事商业行为。

第三种是政府部门或者具有公共管理职能的其他组织(如行业协会、公立学校、航空公司、铁路公司、电力公司、燃气公司等),将当事人因某种违法行为(但常常被称为“不文明行为”或“失信行为”)列入“黑名单”,从而连锁地限制其一系列权利,这实质上属于一种行政处罚。这种处罚,在新修订的《行政处罚法》第9条中属于“其他罚”,必须由法律和行政法规加以设定。

思考题

1.“行政处罚”有哪些法律特征？如何理解这些特征？

2. 如何分辨行政处罚与行政强制措施，行政强制执行或纠正违法？

第五讲

行政处罚有哪些手段和种类?

手段与种类

“处罚法定”是《行政处罚法》的首要原则。该原则首先要求处罚的种类必须依法设定。而处罚的种类其实是对处罚手段的一种划分。这就引出了“行政处罚的手段—行政处罚的种类—行政处罚的设定”之间的逻辑关系。

当我们说“警告”“罚款”“没收”“拘留”时，严格地说，这是指“行政处罚的手段”或“行政处罚的形式”，而不能说是“行政处罚的种类”。我们依照一定的标准对这些手段进行划分、分类所形成的结果，才称得上“行政处罚的种类”。行政处罚种类是对行政处罚手段分类的结果。

新旧《行政处罚法》都有一个缺陷，那就是将行政处罚的“手段”等同于行政处罚的“种类”，继而将对行政处罚的设定看成对行政处罚“种类”的设定，于是第二章就叫作“行政处罚的种类和设定”，而不是“行政处罚的手段和设定”。其实《行政处罚法》第二章所讲的“设定”，与其说是对行政处罚“种类”的设定，不如说是对行政处罚“手段”的设定。

比较起来，新修订的《行政处罚法》在对待行政处罚的“手段”与“种类”的关系上有很大的改进:一是增加了处罚的手段;二是将行政处罚的手段与种类有机地结合起来。

□ 增加手段

《行政处罚法》第 9 条规定:“行政处罚的种类:(一)警告、通报批评;(二)罚款、没收违法所得、没收非法财物;(三)暂扣许可证件、降低资质等级、吊销许可证件;(四)限制开展生产经营活动、责令停产停业、责令关闭、限制从业;(五)行政拘留;(六)法律、行政法规规定的其他行政处罚。”

这里列举和确认了 13 种处罚手段,除了“其他处罚”。和旧《行政处罚法》比较,这次新增了 5 种处罚手段:一是通报批评;二是降低资质等级;三是限制开展生产经营活动;四是责令关闭;五是限制从业。

通报批评,是指某一主体将行为人的有关缺点和错误在一定范围内予以公布,希望行为人或其他人吸取教训、引以为戒的一种措施。它被广泛地应用于党政机关、企业事业单位和社会组织。但只有国家行政机关针对违法的公民、法人或者其他组织作出的通报批评才属于行政处罚。通报批评和警告都属于申诫罚,都是以影响声誉的方式对当事人违法行为实施的一种制裁。所不同的是,警告是“一对一”的关系,只有处罚机关和被处罚人知道,而通报批评是“一对十”的关系,当事人一人违法,但可能整个单位,甚至整个社会都知晓。

降低资质等级,也是这次修订所增加的处罚手段。资质是指对企业事业单位,特别是建设单位、设计单位、施工单位、工程监理单位等,从事某种工作或活动所具备的条件、资格、能力等综合评价。资质被分为一定的等级。从事某种工作或活动往往会有一定的资质等级要求。降低资质等级无疑是对企业事业单位从事经营和其他活动的一种限制。这种处罚无法为暂扣许可证件和吊销许可证件所涵盖。所以这次作了补充规定。

限制开展生产经营活动、限制从业。这两者是比较接近的,所以放在一起解释。企业或其他组织从事经营等活动,以许可证和资质为前提和条件的,可以通过暂扣、吊销许可证照,或者降低资质等方法实现禁止或限制当事人活动的目的。但是,有的经营或者其他活动不以许可证和资质为前提,或者虽以许可证和资质为前提,但行政处罚只是想禁止或限制当事人一段时间内的行为,而不是全部行为,这种情况下要禁止、限制其行为就通过直接责令当事人停止或限制活动来实现行政目的。如依据《证券法》(2019 年修订)第 202 条第 2 款规定,证券公司违反《证券法》的,可以"禁止其在一定期限内从事证券融资融券业务",就属于这类处罚。

责令关闭,是指取消当事人的主体资格,包括对企业的关闭和组织的取缔。如国务院《社会团体登记管理条例》(2016 年修订)第 32 条规定,筹备期间开展筹备以外的活动,或者未经登记,擅自以社会团体名义进行活动,以及被撤销登记的社会团体继续以社会团体名义进行活动的,由登记管理机关予以“取缔”。这一“取缔”就属于这类处罚。

在《行政处罚法》规定中增加上述5种处罚手段,并不是为执法机关增加处罚手段,实际上这些手段在实践中是客观存在的,在有些领域本身就是有法律、法规依据的,把它们写进《行政处罚法》有助于对它们进行有效规范,防止行政机关和执法人员滥用这些处罚权。

□ 处罚种类

新修订的《行政处罚法》第9条,不仅增加和补齐了行政处罚的手段,而且将各种处罚手段进行了归类,做到了处罚手段和处罚分类的结合,最终形成了处罚种类。那么,行政处罚有哪些种类呢?

从理论上说,行政处罚分为五类:人身罚、财产罚、资格罚、行为罚、申诫罚。

第一类是人身罚,亦称自由罚,系指行政机关在一定期限内剥夺违法当事人人身自由的行政处罚。行政拘留是最典型的人身罚。

第二类是财产罚,系指行政机关剥夺违法当事人某些财产所有权的行政处罚。罚款和没收违法所得、非法财物等便属财产罚。

第三类是资格罚,是指行政机关剥夺或限制违法当事人某些特定行为能力和资格的处罚。吊销许可证照、降低资质等便属于这类处罚。

第四类是行为罚，系指行政机关直接要求当事人进行一定的作为或不作为，由此承受不利后果的处罚。责令停产停业、责令关闭、限制从业等就属于此类处罚。

第五类是申诫罚，亦称精神罚或影响声誉罚，系指行政机关向违法当事人发出警戒，申明其有违法行为，通过对其名誉、荣誉、信誉等施加影响，引起其精神上的警惕，使其不再违法的处罚形式。警告和通报批评都是申诫罚的主要形式。

□ 资格罚与行为罚

在以上五类处罚中，最难区别的就是资格罚与行为罚。因为“行为”与“资格”是不可分的。

行为以资格为前提，任何资格的剥夺或限制均意味着其基于资格所从事的行为被禁止。吊销经营许可证，就不得经营；收回土地使用权证，就禁止了使用该土地的行为；吊销驾照，就不能从事驾车行为；吊销律师证，就意味着禁止律师从业；取消教师资格证，就无法做教师……正因如此，有的国家的行政处罚立法和理论不对“资格罚”与“行为罚”加以区分，而是把“资格罚”与“行为罚”合称为“行为罚”，这不是没有道理的。

但笔者认为，把“资格罚”与“行为罚”区别开来是一种精细化的操作，并且二者在理论上是可以区分和应该区分的。

公民、法人或者其他组织取得某种资格才能从事对应的行为,这就是行政许可制度。我国的《行政许可法》并没有对公民、法人或者其他组织的所有行为实施许可证制度。基于此,当事人的行为就分为两类:一类是基于行政许可所从事的行为,当事人没有取得许可证就不得从事该行为;另一类是不实施行政许可的行为,当事人无须取得许可证就可实施该行为。行政处罚要禁止前一类行为的,就适用资格罚;行政处罚要禁止后一类行为的,或者对前一类行为只禁止或限制一段时间,而不是永恒和全部,那就适用行为罚。换句话说,直接禁止或限制当事人行为的,适用行为罚;通过取消或限制其许可证照来达到禁止或限制当事人行为的目的,适用资格罚。

□ 种类排序

上述五类处罚,即人身罚、财产罚、资格罚、行为罚、申诫罚,到底哪类属于重型罚,哪类属于轻型罚?是否可以作个排序?

对此应当排序。这个排序很重要,它和法律设定有关。从法理逻辑上说,对于重型罚,应当由法律位阶高的法规来设定;对于轻型法,可以由法律位阶低的法规来设定;不能轻重颠倒。

处罚种类从重到轻,应当这样排列:人身罚—资格罚—行为罚—财产罚—申诫罚。

人身罚是最高罚,申诫罚是最轻罚,这两端的定位是没有问题的。因为人身罚是自由罚,当一个人的人身自由被剥夺和限制时,其一切行为也随之被剥夺或限制,一切资格、财产都失去意义。申诫罚并没有剥夺和限制有形的东西,没有直接影响人身权、财产权和行为权，所以属于最轻微的处罚。

中间三类的排序，即“资格罚—行为罚—财产罚”也是没有问题的，因为限制“资格”必然同时限制对应的“行为”，但限制“行为”未必就限制资格。另外，财产是经营等行为的结果。

其实《行政处罚法》在规定“对行政处罚的设定”中，已暗示或确认了这一排序：人身罚—资格罚—行为罚—财产罚—申诫罚。如规定人身罚只能由法律设定：行政法规不得设定限制人身自由的处罚；地方性法规不得设定限制人身自由、吊销营业执照的处罚；规章可以设定警告、通报批评和一定数额的罚款。

当然，上述仅仅是一种理论上的排序，不具有绝对性。拘留1天与罚款20亿元，孰轻孰重不好说。罚款1000元与通报批评，当事人愿意选择哪个，可能也因人而异。尽管如此，上述的排序基本还是正确的。

解读“5+1”

新修订的《行政处罚法》把所列举的各种行政处罚手段进行分类表达，形成了不同的种类，实现了处罚手段和处罚种类的有机结合。

《行政处罚法》第9条所列举的五类处罚手段，正好归类如下：(1)警告、通报批评。这属于申诫罚。(2)罚款、没收违法所得、没收非法财物。这属于财产罚。(3)暂扣许可证件、降低资质等级、吊销许可证件。这属于资格罚。(4)限制开展生产经营活动、责令停产停业、责令关闭、限制从业。这属于行为罚。(5)行政拘留。这属于人身罚。(6)法律、行政法规规定的其他行政处罚。这属于其他罚。

以上处罚种类,实际上出现了"5+1"模式。"5"是指前5种处罚种类,即申诫罚、财产罚、资格罚、行为罚、人身罚。这属于常规性处罚。"1"是指其他罚。"5+1"模式就是指常规性处罚和其他处罚。

□ "1"的意义

《行政处罚法》第9条对"1"的表达是,"法律、行政法规规定的其他行政处罚"。其他罚的设置,体现了"原则性与灵活性相结合"。

1. 我国的行政处罚手段原则上只限于5类13项。这些常规性处罚手段已经够用了,无须在5种13项以外擅自"创造发明"。

2. 当真需要有其他处罚手段时就必须有法律和行政法规的依据。"其他罚"必须由法律和行政法规来设定,地方性法规、规章和其他规范性文件都无权创设属于其他罚的处罚手段。

这一规则对我们的提示是:如果在实践中出现了5类13项处罚手段以外的处罚手段,如"罚岗""上黑名单"等,我们一定得查一查,它们是否有法律和行政法规的依据。

思考题

1. 行政处罚的手段与种类是什么关系?新《行政处罚法》是如何处理这一关系的?

2. 新《行政处罚法》确立了"5+1"的处罚手段和分类模式,确立"1"具有什么特殊意义?

第六讲

什么“法”可以设定行政处罚?

行政处罚必须依法设定，接着才是依法实施。依法设定是依法实施的前提和基础。

那么，什么“法”可以“设定”行政处罚呢？

我国有哪些“法”

要讲解什么“法”可以设定行政处罚，首先得了解我国有哪些“法”？

从《宪法》和《立法法》规定看，我国的“法”主要包括：宪法、法律、行政法规、地方性法规、规章。

1. 宪法。宪法是国家的根本大法。它由全国人民代表大会以特别程序修改。作为中国所有其他法律、法规的“母法”，它规定了我们国家和社会的基本制度、国家机构和职权、公民的基本权利和义务等带有根本性的问题。宪法在我国的法治体系中具有最高的法律地位、最高的法律权威和最高的法律效力，具有根本性、全局性、稳定性、长期性之特点。宪法是党领导人民治国理政的总章程，是全面依法治国的总依据。

2. 法律。法律是全国人大及其常委会根据宪法或依职权制定的规范性法律文件，由国家主席令颁布。根据制定机关的区别，它可分为基本法律和一般法律。原则上，前者必须由全国人大制定，后者则由全国人大常委会制定。一般在名称上都冠以《中华人民共和国××××法》。

3. 行政法规。行政法规是指国务院为领导和管理国家各项行政工作,根据宪法和法律制定的有关政治、经济、教育、科技、文化、外事等各类法规的总称。它由国务院令颁发。国务院是国家最高行政机关,是全国行政管理的最高指挥机关。制定行政法规是国务院领导全国行政工作的一种有效手段。

4. 地方性法规。地方性法规是指省、直辖市、自治区和设区的市人大及其常委会,在不同宪法和法律抵触的前提下,根据本地区的实际情况制定的规范性法律文件。

5. 规章。规章包括国务院部门规章和地方政府规章。部门规章是指国务院各部、委员会、中国人民银行、审计署和具有行政管理职能的直属机构,根据法律和国务院的行政法规、决定、命令,在本部门的权限范围内制定的规范性文件。地方政府规章是指省、自治区、直辖市和设区的市、自治州的人民政府根据法律、行政法规和地方性法规制定的规范性文件。

法律位阶

我们在前一讲已交代,行政处罚手段和种类有轻重之分。这里想补充的是,法律有高低之分。对应的关系是:由位阶高的法律设定重型处罚,由位阶低的法律设定轻型处罚。而法律的高低问题其实就是法律位阶问题。

上述宪法、法律、行政法规、地方性法规和规章是有高低之分的，处于不同的法律位阶之中。所谓法律位阶，是指每一类法律在法律体系中的纵向等级。下位阶的法律必须服从上位阶的法律，所有的法律必须服从最高位阶的法。

我国的法律位阶的排列见图1：

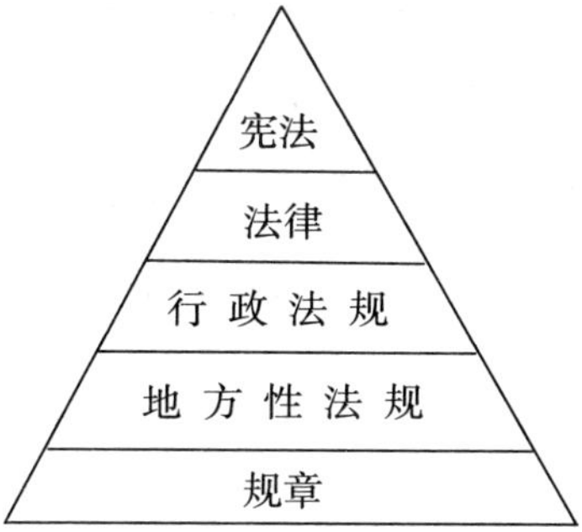

图1　我国法律位阶的排列

这样排列的法律依据是宪法和立法法。特别是《立法法》（2015年修正）第87条规定：“宪法具有最高的法律效力，一切法律、行政法规、地方性法规、自治条例和单行条例、规章都不得同宪法相抵触。”第88条规定：“法律的效力高于行政法规、地方性法规、规章。行政法规的效力高于地方性法规、规章。”第89条规定：“地方性法规的效力高于本级和下级地方政府规章。省、自治区的人民政府制定的规章的效力高于本行政区域内的设区的市、自治州的人民政府制定的规章。”

这些处于不同法律位阶的“法”到底是怎样设定行政处罚

的。在讨论这一问题之前，还需要事先讨论什么是“设定”？“设定”到底是什么意思？“设定”又和平常所说的“法律规定”是什么关系？

设定与规定

当我们平常说“法律规定”，或者“法律是怎样规定的”，这时的“规定”是指法律的表达方式。法律怎么写的、怎么要求的、怎么表达的，都可用法律是怎么“规定”的来表述。

但是《行政处罚法》中对行政处罚的“设定”，是指法律对行政处罚权的一种授权方式。授权意义上的“设定”，又可分为“设定（狭义）”与“规定”，见图2。

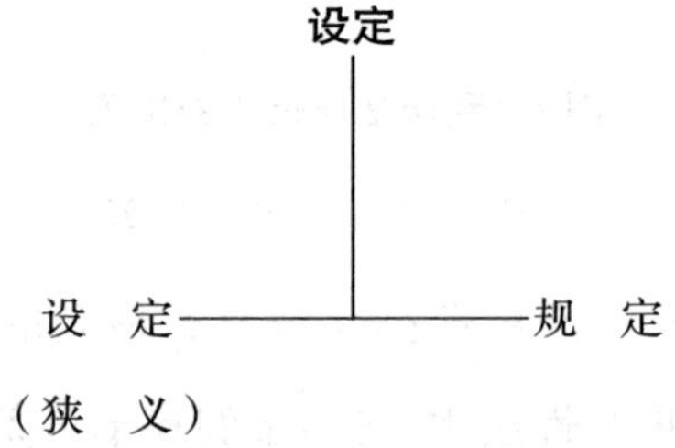

图2　授权意义上的“设定”

对行政处罚的“设定”，系指上位法首次对行政处罚权（包括处罚主体、可被处罚的行为、处罚种类和处罚幅度等）作出的规定。如《治安管理处罚法》（2012 年修正）率先规定公安机关在什么条件下可以对当事人实施治安拘留，这便属于“设定”。

对行政处罚的"规定",系指在上位法已对行政处罚作出设定的条件下,在上级规范性文件所设定的处罚行为、种类和幅度范围内再作具体规定。如全国人大常委会制定的《道路交通安全法》对违反道路交通安全行为的处罚作出规定,国务院制定的《道路交通安全法实施条例》对这种处罚进一步作了细化规定。《道路交通安全法》对处罚的规定叫"设定",《道路交通安全法实施条例》对处罚的规定叫"规定"。

《行政处罚法》第二章对于行政处罚"设定",既包括"设定",也包括"规定",而且"设定权"与"规定权","设定规则"与"规定规则"是完全不同的。所以,严格区分"设定"与"规定"极为重要。

"设定"与"规定"的区别,涉及以下三个关系:

1. 从无到有与从粗到细。如果法律对处罚的规定是"从无到有",这是对处罚的"设定"。如以前对在公共场所抽烟是不禁止、不处罚的,现在某个法律首次规定对公共场所抽烟的当事人要给予处罚,这就是"从无到有",属于对处罚的"设定"。如果法规对处罚的规定是"从粗到细",如法律已对公共场所抽烟的处罚作出了规定,现在下位法又对这种处罚作更详细的规定,这就是"从粗到细",属于对处罚的"规定"了。所以说,"设定"是作"从无到有"的规定,"规定"是作"从粗到细"的规定。

2. 第一次与第二次。一般而言,"设定"是对处罚的第一次规定,"规定"是对处罚的第二次及以后的规定。因为只有第一次规定才会是“从无到有”;第二次以后的规定都是一个细化的过程,属于“从粗到细”。

3. 上位法与下位法。如果几个法都对处罚作出了规定,那么,应当把上位法的规定称作“设定”,下位法的规定称作“规定”。某种意义上可以这样说:上位法的规定叫“设定”,下位法的“设定”叫规定。

必须补充说明的是,上述对“设定”与“规定”区别的三项规则有时会发生碰撞,这如何处理为好?比如,某个地方性法规率先规定对公共场所抽烟的处罚,若干年后,国家层面的法律也规定了对公共场所抽烟的处罚。地方性法规的规定与国家法律的规定,到底谁是“设定”、谁是“规定”呢?这里两个规则,第一次与第二次和上位法与下位法之间,发生了碰撞。依据前一规则,应当认定地方性法规的规定为“设定”,认定国家法律的规定为“规定”;而依据后一规则,国家法律是上位法,它的规定应当是“设定”,地方性法规是下位法,它的规定应当是“规定”。

当上述规则冲突时,应当以“上位法”优先。上位法哪怕是事后制定的,也属于“设定”。无论是什么状态下,上位法制定以后,下位法都得服从上位法,不一致的、抵触的都必须修改。所以在上述例子中,只要国家法律规定了对公共场所抽烟的处罚,哪怕是事后,这时原先属于“设定”的地方性法规就让位变成“规定”了。

清楚什么是“设定”、什么是“规定”之后,现在可以进入主题:法是如何“设定”行政处罚的?法又是如何“规定”行政处罚的?

法律设定权

宪法、法律、行政法规、地方性法规、规章中,宪法是国家的根本大法,它对行政处罚不作具体设定。

法律、行政法规、地方性法规、规章都可对行政处罚作出“设定”,但存在“设定权”的划分。不是什么“法”对什么“处罚”都可以“设定”的。

除了宪法之外,法律就处于最高法律位阶,它可以设定任何行政处罚,包括申诫罚、财产罚、行为罚、资格罚、人身罚,还有其他罚。因为法律是由全国人大及其常委会制定的,而全国人民代表大会是我国的最高国家权力机关,全国人大常委会是全国人民代表大会的常设机关。

《行政处罚法》第 10 条规定:“法律可以设定各种行政处罚。限制人身自由的行政处罚,只能由法律设定。”在中国现行行政处罚制度中,限制人身自由的行政处罚只有一种手段,就是行政拘留。行政拘留只能由法律设定,行政法规、地方性法规和规章无权设定。如果在行政拘留之外,还要增加其他限制人身自由的行政处罚,如有的国家有“罚役”(强制无偿劳动作为惩罚),那就一定得由法律设定,其他法规设定无效。

行政法规设定权

行政法规对行政处罚有多大的设定权?《行政处罚法》第11条第1款规定:"行政法规可以设定除限制人身自由以外的行政处罚。"

法律可以设定任何行政处罚,但行政法规的法律位阶要低于法律,它的设定权就不可能和法律一样。由于《行政处罚法》第10条第2款明文规定,"限制人身自由的行政处罚,只能由法律设定",所以行政法规只能设定限制人身自由以外的行政处罚。也就是说,对于行政法规,除了限制人身自由的行政处罚不能设定,其他行政处罚都可以设定。

这次《行政处罚法》的修订,不仅保留原《行政处罚法》赋予行政法规对行政处罚的设定权,还增加了一项对法律设定的补充权。

《行政处罚法》第11条第3款规定:"法律对违法行为未作出行政处罚规定,行政法规为实施法律,可以补充设定行政处罚。拟补充设定行政处罚的,应当通过听证会、论证会等形式广泛听取意见,并向制定机关作出书面说明。行政法规报送备案时,应当说明补充设定行政处罚的情况。"

这是说,行政法规可以对法律的设定作出补充设定。行政法规行使对法律设定的补充权,是这次修订新增加的内容。行使这一补充设定权,必须掌握几个要义:

1. 前提。行使对法律设定的补充权，必须有一个前提：法律已对违法行为作出规定，但未设定处罚。处罚规定属于责任规范，而责任规范须以命令规范（要求作为）或禁止规范（要求不作为）为前提，当事人只有在违反命令规范或禁止规范时才有可能被处罚。现在法律设定了命令规范和禁止规范，但没有对应地设定处罚规范（责任规范），在这种前提下，行政法规才可为法律补充设定处罚规范。比如，法律规定不得在公共游泳池裸游，无论是否包场，但没有规定对该行为的处罚。这种情况下，行政法规才可以对该行为的处罚作出补充设定。

2. 目的。行政法规要对法律作补充设定处罚，必须出于“为实施法律”的目的。这一目的不是抽象的，而是具体的。因为抽象意义上可以说，任何法规的制定和执法活动都是为了实施法律。这里是指，某个行政法规系为实施某一法律而制定，那么它才可以对该法律未设定的处罚作补充性设定。比如，全国人大常委会制定了《土地管理法》，国务院为实施这一法律而制定了《土地管理法实施条例》，那么，《土地管理法实施条例》可以对《土地管理法》的处罚作补充设定。

3. 内容。行政法规对法律的补充设定，到底可以补充什么内容？不是对“违法行为”的补充，而是对“行政处罚”的补充。换句话说，行政法规不是为法律补充命令规范和禁止规范，而是补充对应的处罚规范。

4. 保留。行政法规对法律的补充设定，不得违反“法律保留原则”，不得突破《行政处罚法》第 10 条第 2 款的禁止性规定，即“限制人身自由的行政处罚，只能由法律设定”。也就是说，行政法规对限制人身自由的行政处罚不得作补充设定。

5. 性质。行政法规对法律的补充设定权，是一项“可以行使”的权力，而不是“必须行使”的权力。《行政处罚法》的修订，一方面赋予行政法规对法律设定的补充权，另一方面持非常谨慎的态度。行政法规是否对法律作补充设定，完全要根据具体的立法和执法状况而定，不能“一刀切”，更不能“一起哄”地推广这一权力。

6. 程序。正因为《行政处罚法》的修订，对行政法规的补充设定制度持谨慎的态度，所以规定了严格的程序。《行政处罚法》第 11 条第 3 款特别规定，“拟补充设定行政处罚的，应当通过听证会、论证会等形式广泛听取意见，并向制定机关作出书面说明。行政法规报送备案时，应当说明补充设定行政处罚的情况”。

地方性法规设定权

《行政处罚法》第 12 条第 1 款规定：“地方性法规可以设定除限制人身自由、吊销营业执照以外的行政处罚。”

地方性法规的法律位阶低于法律和行政法规，高于规章。行政法规不得设定的处罚，即限制人身自由的行政处罚，地方性法规就更不能设定了。此外，还要增加一项不得设定的处罚——吊销营业执照的处罚。也就是说，地方性法规不得设定限制人身自由和吊销营业执照这两项处罚，其他处罚都可以设定。

地方性法规不得设定限制人身自由的行政处罚，这一点容易理解，因为它属于“法律保留事项”，地方性法规当然不得设定。《立法法》（2015年修正）第8条第5项规定，“对公民政治权利的剥夺、限制人身自由的强制措施和处罚”，只能制定法律。问题在于，为什么对吊销营业执照的处罚也要排除。这主要是考虑到，这种处罚的效果是对经营者经营权的剥夺，可能会直接导致一家企业的倒闭。

这次《行政处罚法》的修订，除了增加规定行政法规可以对法律作补充设定之外，同样也规定了地方性法规可以对法律和行政法规作补充设定。《行政处罚法》第12条第3款规定：“法律、行政法规对违法行为未作出行政处罚规定，地方性法规为实施法律、行政法规，可以补充设定行政处罚。拟补充设定行政处罚的，应当通过听证会、论证会等形式广泛听取意见，并向制定机关作出书面说明。地方性法规报送备案时，应当说明补充设定行政处罚的情况。”

地方性法规对法律和行政法规的补充设定，在权力要素上，即关于前提、目的、内容、保留、性质和程序等，和行政法规对法律补充设定权的要素相同，故不赘述。

规章设定权

规章可以分为国务院的部门规章和地方政府规章。规章的法律位阶是最低的，所以，它原则上只有“规定权”。它的“设定权”非常小。

《行政处罚法》第 13 条第 2 款规定：“尚未制定法律、行政法规的，国务院部门规章对违反行政管理秩序的行为，可以设定警告、通报批评或者一定数额罚款的行政处罚。罚款的限额由国务院规定。”这一规定反映出以下两点：

第一，部门规章对行政处罚具有一定的设定权，但只限于警告、通报批评或者一定数额罚款（罚款的限额由国务院规定）这三种处罚。其他处罚无权设定。

第二，部门规章对行政处罚的设定必须有一个前提，即“尚未制定法律、行政法规”，即法律、行政法规未对这类行为作出规定。如果法律、行政法规对这类行为已作出规定，那么无论可罚或不可罚，一切都得按法律、行政法规的意思办，部门规章无权作自主设定。

关于地方政府规章的设定权，《行政处罚法》第 14 条第 2 款作了类似规定：“尚未制定法律、法规的，地方政府规章对违反行政管理秩序的行为，可以设定警告、通报批评或者一定数额罚款的行政处罚。罚款的限额由省、自治区、直辖市人民代表大会常务委员会规定。”这里的意思和部门规章的设定权类似：

一是地方政府规章对行政处罚具有一定的设定权，但只限于警告、通报批评或者一定数额罚款（罚款的限额由省、自治区、直辖市人民代表大会常务委员会规定）这三种处罚。其他处罚无权设定。

二是地方政府规章对行政处罚的设定必须有一个前提，即“尚未制定法律、法规”，即法律、法规未对这类行为作出规定。如果法律、法规对这类行为已作出规定，那么无论可罚或不可罚，一切都得按法律、法规的意思办，地方政府规章无权作自主设定。

除法律、法规、规章外，其他规范性文件不得设定行政处罚。

对处罚的规定权

和“设定”不同，“规定”是指下位法对行政处罚作细化规定。

对行政处罚，《行政处罚法》有四处规定：

一是第 11 条第 2 款规定：“法律对违法行为已经作出行政处罚规定，行政法规需要作出具体规定的，必须在法律规定的给予行政处罚的行为、种类和幅度的范围内规定。”

二是第 12 条第 2 款规定：“法律、行政法规对违法行为已经作出行政处罚规定，地方性法规需要作出具体规定的，必须在法律、行政法规规定的给予行政处罚的行为、种类和幅度的范围内规定。”

三是第13条第1款规定:“国务院部门规章可以在法律、行政法规规定的给予行政处罚的行为、种类和幅度的范围内作出具体规定。”

四是第14条第1款规定:“地方政府规章可以在法律、法规规定的给予行政处罚的行为、种类和幅度的范围内作出具体规定。”

上述规定反映了以下两个内容:

1.“规定法”与“设定法”之间的对应关系,即什么法可以对什么法进行规定。它们的对应关系如下:(1)行政法规可以对法律所设定的处罚进行细化规定;(2)地方性法规可以对法律和行政法规所设定的处罚进行细化规定;(3)部门规章可以对法律和行政法规所设定的处罚进行细化规定;(4)地方政府规章可以对法律、行政法规和地方性法规所设定的处罚进行细化规定。

2.对“规定”的范围限制。即下位法的细化规定不得超越上位法所设定的给予行政处罚的行为、行政处罚的种类和行政处罚的幅度这三个范围。这三个范围一个也不得超越,否则,这样的“规定”无效。

“给予行政处罚的行为”,是指“可被处罚的违法行为”。如果“设定法”把“可处罚的违法行为”列了五种,那么,“规定法”就不得增加第六种。这就是“给予行政处罚的行为范围”。

“行政处罚的种类”,是指行政处罚的具体手段。如果“设定法”对某种违法行为设定了警告和罚款，“规定法”就不得增加第三种处罚手段，如吊销证照。这就是“行政处罚种类的范围”。

“行政处罚的幅度”，是指某一项处罚的具体幅度。如果“设定法”对某种违法行为设定的罚款幅度是200元至3万元，“规定法”就不得规定可以罚款30001元，多1元也不行。这就是“行政处罚的幅度范围”。

设定法与规定法的应用

对行政处罚进行“设定”的法可称“设定法”，对行政处罚进行“规定”的法可称“规定法”。区别并把握“设定法”与“规定法”，对于法规的合法性审查非常有用。

在中国的法规备案审查中，有的法规的问题就发生在对行政处罚的“设定权”与“规定权”的超越上。当我们看到一个法规，要审查其对行政处罚的规定是否存在问题，从技术上说要分两步走：

第一步，要确认本法是“设定法”还是“规定法”。确认的方法是找到它对应的上位法，看上位法对这一处罚是否已有规定。上位法对这一处罚没有规定的，该法属于“设定法”；上位法对这一处罚已有规定的，该法则属于“规定法”，上位法才属于“设定法”。

第二步，对“设定法”和“规定法”采取不同的审查方法。

对于“设定法”，主要审查其是否超越“设定权限”，如行政法规不得设定限制人身自由的行政处罚；地方性法规不得设定限制人身自由和吊销营业执照的行政处罚；规章只得设定警告、通报批评和一定数额的罚款；等等。

对于“规定法”，主要审查其规定是否超越上位法所设定的行政处罚的三个范围，即可处罚的违法行为范围；行政处罚的种类；行政处罚的幅度。

思考题

1. 在我国，哪些“法”可以设定行政处罚？
2. 对行政处罚的“设定权”与“规定权”有何区别？在合法性审查中有何意义？

第七讲

谁有权实施行政处罚？

这一讲其实是要解决两个问题:一是哪些组织和人员有权实施行政处罚?二是行政处罚案件发生后,应当由哪个组织负责处理?前者是讲如何确定行政处罚的主体资格;后者是讲如何确定行政处罚的管辖。

三大主体

行政处罚主体问题很重要。无行政处罚权的组织实施行政处罚,不仅构成行政处罚违法,还会导致行政处罚无效。《行政处罚法》第38条第1款规定:“行政处罚没有依据或者实施主体不具有行政主体资格的,行政处罚无效。”为此,新旧《行政处罚法》都设专章,即第二章行政处罚的实施机关,集中规定和解决这一主体资格问题。

归纳起来,实施行政处罚的主体有三类:职权主体、授权主体、委托主体。在《行政处罚法》中,职权主体限于行政机关,授权主体和委托主体都限于具有管理公共事务职能的组织。

职权主体

《行政处罚法》第17条规定:“行政处罚由具有行政处罚权的行政机关在法定职权范围内实

施。”这是对职权主体的规定。

职权主体，是指某个组织具有实施行政处罚的资格，是基于法律所设定的职责所产生。它的处罚权是“天生”的，从组织设立的那一天起就已拥有，而不是事后通过法律、法规的“授权”或行政机关的“委托”而取得。

行政处罚权属于行政职权的一部分，而行使行政职权的机关是国家行政机关，这是由宪法所设定的国家治理架构。我国宪法规定，各级人民政府是国家行政机关，是国家权力机关的执行机关，是国家法律的实施机关，依法拥有和行使行政管理职权。所以，国家行政机关才是行政处罚中的职权主体。

行政处罚中的职权主体是行政机关，但并不是所有行政机关都拥有行政处罚权。具体而言，哪些行政机关拥有哪种行政处罚权，不是由《行政处罚法》统一作出规定，而是由具体的法律、法规和规章来设定的。

例如，《治安管理处罚法》把治安管理处罚权设定给公安机关；《出境入境管理法》把对违反出入境管理的行为人的处罚权设定给县级以上地方人民政府公安机关和出入境边防检查机关；《土地管理法》把对违反土地管理行为人的处罚权设定给县级以上人民政府自然资源主管部门和农业农村主管部门；《森林法》把违反森林管理行为人的处罚权设定给县级以上人民政府林业主管部门；《食品安全法》把对违反食品安全行为人的处罚权设定给县级以上人民政府食品安全监督管理部门；《证券法》把对违反证券管理行为人的处罚权设定给国务院证券监督管理机构;等等。

必须注意的是,有的行政处罚权属于专有职权,只归特定机关行使。《行政处罚法》第 18 条第 3 款规定:“限制人身自由的行政处罚权只能由公安机关和法律规定的其他机关行使。”

当法律、法规和规章设定行政机关行使行政处罚权时,该行政机关就成为职权主体。尽管如此,行政机关必须在法定职权范围内行使处罚权。

□ 授权主体

授权主体,是指本组织原本不具有行政处罚权,但通过法律、法规授权,使原本无处罚权的组织拥有了处罚权。或者说,通过授权获得处罚权的组织才是授权主体。

《行政处罚法》第 19 条规定:“法律、法规授权的具有管理公共事务职能的组织可以在法定授权范围内实施行政处罚。”这是对授权主体的规定。

根据上述规定,行政处罚授权制度的设置必须具备以下几个条件:

1. 它必须是具有管理公共事务职能的组织。不具有管理公共事务职能的组织,不得成为经法律、法规授权的行政处罚主体。

2. 它必须经法律、法规的授权。这里的“法律、法规”包括:

(1)全国人大及其常委会制定的法律;(2)国务院制定的行政法规;(3)省、自治区、直辖市人大及其常委会,设区的市人大及其常委会制定的地方性法规。行政规章及以下位阶的规范性文件不得实施行政处罚的授权。

3. 这些组织必须在法定授权范围内实施行政处罚,否则便会构成行政越权,导致行政处罚无效。

经法律、法规授权的组织实施行政处罚,应该以自己的名义进行,其行为效果归属于自己;在行政诉讼中,以该组织为被告。

□ 委托主体

委托主体,其实是被委托的主体,是指因经行政机关的委托,代理行政机关实施处罚权的组织。按理说,行政处罚应当由行政机关自己依法行使。但有时,行政机关行使处罚权在条件上受到限制,便可以依法委托具有管理公共事务职能的组织行使行政处罚权。

《行政处罚法》对行政处罚的委托制度有详细的规定。第20条规定:“行政机关依照法律、法规、规章的规定,可以在其法定权限内书面委托符合本法第二十一条规定条件的组织实施行政处罚。行政机关不得委托其他组织或者个人实施行政处罚。委托书应当载明委托的具体事项、权限、期限等内容。委托行政机关和受委托组织应当将委托书向社会公布。委托行政机关对受委托组织实施行政处罚的行为应当负责监督,并对该行为的后果承担法律责任。受委托组织在委托范围内,以委托行政机关名义实施行政处罚;不得再委托其他组织或者个人实施行政处罚。”这一规定反映出行政处罚委托制度的几个特点:

1. 行政处罚中的委托方必须是国家行政机关,这就是上述实施行政处罚的第一种主体。经法律、法规授权的非国家行政机关不能成为行政处罚委托关系中的委托方。

2. 行政处罚中的受委托方必须是符合《行政处罚法》第21条所要求的组织。这种组织必须符合三个条件:(1)依法成立的管理公共事务的组织;(2)有熟悉有关法律、法规、规章和业务并取得行政执法资格的工作人员;(3)需要进行技术检查或者技术鉴定的,应当有条件组织进行相应的技术检查或者技术鉴定。行政机关不得委托其他组织或者个人实施行政处罚。

3. 行政处罚的委托必须有法律、法规、规章的明文依据。无此明文依据,行政机关不得对行政处罚实施委托。请注意,处罚的授权只限于“法律、法规”的授权,而处罚的委托可以“法律、法规、规章”为依据,委托的依据范围比授权要大。

4. 行政机关委托其他组织实施行政处罚必须在法定权限范围内进行。所谓“法定权限范围”,是指行政机关只能把自己依法拥有的行政处罚权(包括处罚种类和幅度等)委托给其他组织,而不能把自己所没有的行政处罚权委托给其他组织,否则就是超越“法定权限范围”。

5. 实施行政处罚的委托必须符合法定形式和程序。对处罚的委托必须采取书面形式，必须出具书面委托书。委托书又必须载明委托的具体事项、权限、期限等内容。委托行政机关和受委托组织应当将委托书向社会公布。委托行政机关对受委托组织实施行政处罚的行为应当负责监督，并对该行为的后果承担法律责任。

6. 行政处罚的委托不得再委托。《行政处罚法》特别强调，行政处罚不允许进行二次委托，即接受委托的组织不得再将该处罚事项委托给其他组织。这样禁止的目的是防止受托组织对处罚委托事项不负责任，影响国家行政处罚管理秩序。

行政处罚委托关系成立之后，受委托组织在委托范围内，以委托行政机关名义实施行政处罚，并由委托行政机关承担行为的后果。

□ 三者区别

上述职权主体、授权主体、委托主体都有权实施行政处罚，都是实施行政处罚的组织，但它们之间无论在法理上还是操作上都是有区别的。

职权主体是指国家通过法律法规把职权设定给行政机关，被设定的行政机关就是职权主体；授权主体是指已被设定了职权的主体又通过法律法规把职权转授给其他组织，接受授权的其他组织就是授权主体；委托主体是拥有行政处罚权的行政机关把处罚事务委托给有关组织，接受委托的组织就是委托主体。

职权主体、授权主体都是行政主体,依法以自己的名义实施行政处罚,并对行为的后果承担责任,在行政诉讼中作为被告。委托主体是行为主体,不是行政主体,它不得以自己的名义,而是以委托的行政机关的名义实施行政处罚,并由委托的行政机关承担责任。在行政诉讼中,由委托的行政机关作为被告,委托主体充其量是作为诉讼第三人参加诉讼。

职权主体的载体是行政机关,授权主体和委托主体的载体是具有管理公共事务职能的组织,包括企业事业单位或社会团体。职权主体、授权主体通过立法行为而产生,委托主体基于行政委托关系而产生。

执法人员

行政主体(职权主体和授权主体)或行为主体(委托主体)实施行政处罚,都是通过其执法人员来落实的。实施行政处罚的主体作为一种组织是一个抽象体,它的行为是通过执法人员的行为来体现的。对执法机关的要求和对执法人员的要求是不可分离的,特别是执法人员执法能力的高低决定和反映了执法机关执法水平的高低。为此,《行政处罚法》在对执法主体作出种种要求的同时,对执法人员也作出了特别的要求。

1. 执法人员执法必须具有执法资格。《行政处罚法》第 42 条第 1 款第 1 句规定:“行政处罚应当由具有行政执法资格的执法人员实施。”关于执法资格,在内容上要求通过一定的考试审核程序，在形式上表现为取得和持有“执法证”。

2. 执法人员执法时不得少于两人。《行政处罚法》第 42 条第 1 款第 2 句规定：“执法人员不得少于两人，法律另有规定的除外。”执法必须有两人以上参与，一是执法的需要，大多执法工作需要有两人以上的配合；二是便于执法人员相互监督，防止个别执法人员犯错；三是为了保护执法人员，防止执法人员受到攻击和诬陷。

3. 执法人员应当文明执法，尊重和保护当事人合法权益。《行政处罚法》第 42 条第 2 款明确提出了这一要求。我国是人民当家作主的社会主义法治国家，执法工作要坚持以人民为中心，坚持服务至上、教育为重。处罚的目的是教育和引导人民群众自觉遵守法律。

4. 执法人员应当遵守执法程序和纪律。根据《行政处罚法》的有关规定，执法人员在执法中应当向当事人出示执法证件（第 52 条）；必须遵守回避制度（第 43 条），不得自行收缴罚款（第 67 条）；当场收缴罚款的，必须向当事人出具国务院财政部门或者省、自治区、直辖市人民政府财政部门统一制发的专用票据（第 70 条）；不得利用职务上的便利，索取或者收受他人财物、将收缴罚款据为己有（第 79 条）；等等。

综合执法

在行政处罚实施主体的制度设计上，实行综合执法，乃是这次《行政处罚法》修订中的一大创举。《行政处罚法》第 18 条第 1 款规定："国家在城市管理、市场监管、生态环境、文化市场、交通运输、应急管理、农业等领域推行建立综合行政执法制度，相对集中行政处罚权。"

早在 2018 年，中共中央在《深化党和国家机构改革方案》中对深化行政执法体制改革提出了要求：深化行政执法体制改革，统筹配置行政处罚职能和执法资源，相对集中行政处罚权；根据不同层级政府的事权和职能，按照减少层次、整合队伍、提高效率的原则，大幅减少执法队伍种类，合理配置执法力量；一个部门设有多支执法队伍的，原则上整合为一支队伍，推动整合同一领域或相近领域执法队伍，实行综合设置。

为了落实党和国家机构改革和行政执法体制改革要求，增加综合行政执法制度，推动解决多头执法、重复执法和执法力量分散问题，规定了"国家在城市管理、市场监管、生态环境、文化市场、交通运输、应急管理、农业等领域推行建立综合行政执法制度，相对集中行政处罚权"。这些领域的综合行政执法制度建立之后，行政处罚权也将同步归并，由一个执法主体实施行政处罚。

相对集中处罚权

相对集中行政处罚权，是我国有关行政处罚实施主体制度中的一项特殊制度。它是指国务院或者经国务院授权的省、自治区、直辖市人民政府，将法律、法规和规章设定给有关行政机关的行政处罚权的部分或者全部，从原行政机关的管理职能中分离出来，集中到一个行政机关统一行使；行政处罚权相对集中后，被集中的行政机关不得再行使。

相对集中行政处罚权，是由《行政处罚法》于 1996 年所创设的一项行政执法制度。新修订的《行政处罚法》依然保留了这一制度。第 18 条第 2 款规定："国务院或者省、自治区、直辖市人民政府可以决定一个行政机关行使有关行政机关的行政处罚权。"

这一制度我们已实施了 20 多年，形成了许多操作规程和经验。为了规范和推行好这一制度，国务院办公厅于 2000 年发布了《关于继续做好相对集中行政处罚权试点工作的通知》，2002 年国务院又发布了《关于进一步推进相对集中行政处罚权工作的决定》，从批准程序、机构设置、实施范围、争议处理等方面对相对集中行政处罚权制度作了具体规定。

处罚权的下放

这次《行政处罚法》修订关于行政处罚实施主体的制度设计中，还有一个非常重要的"亮点"，那就是行政处罚实施权向基层延伸，推动了执法重心的下移。

原《行政处罚法》第 20 条规定，行政处罚由违法行为发生地的县级以上地方人民政府具有行政处罚权的行政机关实施。

据此，乡镇人民政府和街道办事处一般不享有行政处罚的实施权。之所以将行政处罚的实施权只授予县级以上地方人民政府及主管部门，而不授予乡镇人民政府和街道办事处行使，主要是因为县级以上人民政府及主管部门具有专业人员、专门知识和专业技能，也具有较完善的执法设备和技术条件。但在实践中发现，乡、镇、街道办事处是最基层的政府机关，往往是最早、最直接发现当事人违法行为的机关，如果它们一概没有处罚权，就会造成“看得见、管不着”和“管得着但看不见”的现状。这次修订，将行政处罚权适度地延伸至乡镇基层人民政府和街道办事处，解决了这一矛盾。

新修订的《行政处罚法》第 24 条规定：“省、自治区、直辖市根据当地实际情况，可以决定将基层管理迫切需要的县级人民政府部门的行政处罚权交由能够有效承接的乡镇人民政府、街道办事处行使，并定期组织评估。决定应当公布。承接行政处罚权的乡镇人民政府、街道办事处应当加强执法能力建设，按照规定范围、依照法定程序实施行政处罚。有关地方人民政府及其部门应当加强组织协调、业务指导、执法监督，建立健全行政处罚协调配合机制，完善评议、考核制度。”把行政处罚权从县一级下放到基层是一项十分慎重的制度，根据《行政处罚法》第 24 条的规定，必须把握这一制度的诸多要点。

1. 下放之权仅限于县级人民政府部门的行政处罚。县级以上各行政机关的处罚权，不在下放之列。

2. 下放之权必须是基层管理迫切需要的，并且基层政府能够承接得住的。并不是基层管理迫切需要的，或者虽然需要但基层政府承接不住的，一律不放。

3. 处罚权从县级人民政府部门下放至乡镇人民政府和街道办事处不是一个自然过程，它必须由省、自治区、直辖市根据当地实际情况具体决定，不搞“一刀切”。

处罚管辖

谁有权实施行政处罚，不仅要解决行政处罚的执法主体问题，还要解决行政处罚的管辖问题。

行政处罚的管辖，是指当事人的违法行为发生后，行政处罚案件由哪一地的行政机关或哪一级的行政机关来立案处理。由哪一“地”的行政机关立案处理，这是地域管辖；由哪一“级”的行政机关立案处理，这是级别管辖。

对于行政处罚的级别管辖，《行政处罚法》并未作出统一而具体的规定。具体案件的级别管辖，应当视具体法律的具体规定而定。

关于地域管辖，《行政处罚法》作出了统一规定。第 22 条规定：“行政处罚由违法行为发生地的行政机关管辖。法律、行政法规、部门规章另有规定的，从其规定。”也就是说，行政处罚案件原则上由违法行为发生地的行政机关管辖。所谓发生地，主要是指违法行为的实施地，其次也可包括违法行为的准备地或结果地。之所以说“原则上”，是因为这一管辖原则是有例外的，如果法律、行政法规、部门规章另有规定的，那就服从法律、行政法规、部门规章的规定。

此外，新修订的《行政处罚法》还对管辖权发生争议如何处理作出了规定。第25条规定：“两个以上行政机关都有管辖权的，由最先立案的行政机关管辖。对管辖发生争议的，应当协商解决，协商不成的，报请共同的上一级行政机关指定管辖；也可以直接由共同的上一级行政机关指定管辖。”这里确定了最先立案管辖原则和指定管辖原则。这些规定，为原《行政处罚法》所没有。

思考题

1. 行政处罚中的职权主体、授权主体和委托主体有何区别？
2. 如何理解行政处罚权的相对集中和适度下放？

第八讲

如何实施行政处罚？

我们在这一讲重点解决两个问题：一是该不该罚；二是如何罚。前者重点讨论行政处罚本身的具体适用问题，后者重点讲解实施行政处罚的程序问题，程序一直可以延伸到行政处罚的执行程序。

当事人违法行为发生后，原则上应当依法处罚，这依照法律、法规和规章办理就可以，好像不是太困难。现在比较困难的是如何把握好不予处罚、从轻和减轻处罚的尺度问题。

不予处罚

新修订的《行政处罚法》更加凸显了这种理念：不是当事人只要有了违法行为，就该一律处罚。不能认为，只要有违法行为，就必须处罚。《行政处罚法》为了体现教育的目的，设立了不予处罚、可以不罚以及从轻和减轻处罚的情形。

先讲讲不予处罚的问题。

不予处罚，是指依照法律规定不作处罚的情形。不予处罚，不是指可处罚、可不处罚，而是指不得处罚。在不予处罚的情形下，行政机关对当事人实施处罚的，属于处罚违法。准确地说，属于行政处罚适用法律错误。

在法律有明确规定的条件下，对当事人不予处罚,本身也是"依法处罚"的体现。法律规定必须处罚的,对当事人予以处罚;法律规定不得处罚的,对当事人不作处罚,这都是符合依法行政、依法处罚要求的。新修订的《行政处罚法》明确了几种不予处罚的情形,其中有几种还属于新增加的。

1. 轻微不罚。《行政处罚法》第 33 条第 1 款第 1 句规定:"违法行为轻微并及时改正,没有造成危害后果的,不予行政处罚。"轻微不罚必须符合几个条件:(1)违法行为轻微。例如新手司机,在路边停车场停车时超出了一点点停车线,这种违法行为属于轻微违法行为。(2)及时改正。这里的"及时"是指时间不长。"改正"包括主动改正和执法人员指出以后改正。在上例中,当事人停车超出停车线,他下车后发现,当即改正;或者交警发现并指出后,他马上改正。(3)没有造成危害后果。从当事人停车超出停车线到改正期间,没有发生交通事故。符合这三个条件的违法行为,不予处罚。

2. 无错不罚。《行政处罚法》第 33 条第 2 款规定:"当事人有证据足以证明没有主观过错的,不予行政处罚。法律、行政法规另有规定的,从其规定。"这是《行政处罚法》这次修订新增加的内容,它是对当事人无主观过错不罚规则的确定。

主观过错包括故意和过失。原《行政处罚法》未对行政处罚是否须以当事人具有主观过错为前提作出规定,在理论上和实践中两种观点和做法都是存在的:一种是"否定说"。认为当事人有违法行为,无论他主观上是否存在过错,都可以处罚。只要当事人的行为在客观上违反了法律规定，就不用考虑他是否有过错，都可以进行处罚，这其实是奉行了“违法原则”。另一种是“肯定说”。认为不考虑当事人主观上是否有过错，就认定其行为违法并予处罚，这是极不公正的。如果当事人因被劫持而被迫超速，事后还要处罚被劫持的当事人，那是不能接受的。

新修订的《行政处罚法》采纳了“肯定说”，明文规定当事人无主观过错的不予处罚。但由于由处罚机关来举证当事人存在主观上的过错，是十分困难的，处罚机关无法直接知道当事人的主观想法。所以，新修订的《行政处罚法》不是确立“过错原则”，而是确立了“推定过错原则”。

过错原则与推定过错原则的区别在于举证责任分配的不同。在过错原则中，必须由执法机关来承担举证责任，只有在证明当事人存在主观过错的前提下，执法机关才可对当事人进行处罚。而在推定过错原则中，执法机关对当事人违法是否存在主观过错不负举证责任，当事人违法行为发生了，执法机关可以推定其存在主观过错，并对其依法处罚；但如果当事人能够证明自己没有过错的，执法机关不予处罚。

3. 不满 14 周岁的未成年人违法不罚。新修订的《行政处罚法》第 30 条第 1 句规定，“不满十四周岁的未成年人有违法行为的,不予行政处罚,责令监护人加以管教”。根据《民法典》第17[1]、19[2]、20条[3]的规定,未成年人是指不满18周岁的自然人。14周岁以下的未成年人是无民事行为能力人或限制民事行为能力人。《刑法》规定,不满14周岁的未成年人只负部分刑事责任。[4] 考虑到不满14周岁的未成年人在心智上还不成熟,让他们承担法律责任是不合理的,《行政处罚法》才作此规定。当然,不满14周岁的未成年人有违法行为而不予行政处罚的,执法机关应当责令监护人加以管教。

4. 精神病人、智力残疾人在不能辨认或者不能控制自己行为时的违法行为不罚。新修订的《行政处罚法》第31条第1句

---

[1] 《民法典》第17条规定:“十八周岁以上的自然人为成年人。不满十八周岁的自然人为未成年人。”

[2] 《民法典》第19条规定:“八周岁以上的未成年人为限制民事行为能力人,实施民事法律行为由其法定代理人代理或者经其法定代理人同意、追认;但是,可以独立实施纯获利益的民事法律行为或者与其年龄、智力相适应的民事法律行为。”

[3] 《民法典》第20条规定:“不满八周岁的未成年人为无民事行为能力人,由其法定代理人代理实施民事法律行为。”

[4] 《刑法》第17条规定:“已满十六周岁的人犯罪,应当负刑事责任。已满十四周岁不满十六周岁的人,犯故意杀人、故意伤害致人重伤或者死亡、强奸、抢劫、贩卖毒品、放火、爆炸、投放危险物质罪的,应当负刑事责任。已满十二周岁不满十四周岁的人,犯故意杀人、故意伤害罪,致人死亡或者以特别残忍手段致人重伤造成严重残疾,情节恶劣,经最高人民检察院核准追诉的,应当负刑事责任。对依照前三款规定追究刑事责任的不满十八周岁的人,应当从轻或者减轻处罚。因不满十六周岁不予刑事处罚的,责令其父母或者其他监护人加以管教;在必要的时候,依法进行专门矫治教育。”

规定："精神病人、智力残疾人在不能辨认或者不能控制自己行为时有违法行为的，不予行政处罚，但应当责令其监护人严加看管和治疗。"和不满14周岁的未成年人一样，精神病人、智力残疾人在不能辨认或者不能控制自己行为时，也属于无责任能力，虽然不能处罚，但应当责令其监护人严加看管和治疗。但是，间歇性精神病人在精神正常时有违法行为的，应当给予行政处罚。

5. 超过处罚时效不罚。所谓处罚时效，是指由法律规定超过规定时间不再给予处罚的时限。行政机关超过法律规定的期限未发现违法行为的，对当时的违法行为人不再给予行政处罚。

行政处罚时效制度的确立，一方面是为了督促执法机关依法及时履行行政处罚职责，防止不作为；另一方面则是为了实现社会秩序的稳定，体现法的安定性，尊重和保护公民、法人或者其他组织的合法权益。

原《行政处罚法》关于行政处罚时效设定为2年。这一规定在实施中存在的主要问题是对违法行为不加区分，无论违法行为的性质和危害性如何，都是2年时效，导致对某些严重的违法行为因为时效已过而不能处罚，不利于打击违法行为，特别是严重的违法行为。

新修订的《行政处罚法》第36条对行政处罚的时效制度进行了调整和完善，明确规定："违法行为在二年内未被发现的，不再给予行政处罚；涉及公民生命健康安全、金融安全且有危害后果的，上述期限延长至五年。法律另有规定的除外。前款规定的期限,从违法行为发生之日起计算;违法行为有连续或者继续状态的,从行为终了之日起计算。”这就改变了以前的“一刀切”做法。新的处罚时效制度是:违法行为原则上在2年内未被发现的,不再给予行政处罚;涉及公民生命健康安全、金融安全且有危害后果的,上述期限延长至5年。法律另有规定的除外,如《治安管理处罚法》规定的追诉时效为6个月。[5] 无论是2年时效,还是5年时效,期限都从违法行为发生之日起计算;违法行为有连续或者继续状态的,从行为终了之日起计算。这样的规定更科学合理,有利于遏制严重的违法行为。

可以不罚

另外一种和“不予处罚”接近的是“可以不处罚”制度。“可以不处罚”是指可以处罚也可以不处罚的情形,但“不予处罚”是不得处罚的情形。在“不予处罚”的情形中给予处罚,构成违法;而在“可以不处罚”的情形中给予处罚,不构成违法。

“可以不处罚”适用当事人的初次违法。新修订的《行政处罚法》第33条第1款第2句规定:“初次违法且危害后果轻微并及时改正的,可以不予行政处罚。”“初次不罚”规定,是这次修

---

〔5〕《治安管理处罚法》第22条规定:“违反治安管理行为在六个月内没有被公安机关发现的,不再处罚。前款规定的期限,从违反治安管理行为发生之日起计算;违反治安管理行为有连续或者继续状态的,从行为终了之日起计算。”

改增加的新内容。这一制度的确立，更加凸显了教育的功能。

“初次不罚”的适用条件：一是初次违法，不是二次以后的违法。至于“初次”如何统计，跨领域、跨年度，还是不跨领域、不跨年度，还有待有关部门作细化规定。二是危害后果轻微，是指对社会危害性不大的违法行为。三是及时改正。这三条缺一不可。

从轻减轻处罚

从轻处罚，是指在法定的处罚幅度之内按低线或靠近低线实施处罚；减轻处罚，是指在法定处罚幅度的低线以下给予处罚。

从轻处罚，是在法定处罚幅度之内实施的处罚，无非是按低线或靠近低线实施处罚而已；减轻处罚，是超出法定处罚幅度之外，即超出低线以下给予处罚。

从轻或减轻处罚和上述“不予处罚”“可以不罚”完全不同。“不予处罚”和“可以不罚”是解决“是否处罚”问题，而“从轻处罚”或“减轻处罚”是解决“处罚轻重”问题。

根据新修订的《行政处罚法》第30条、第31条和第32条规定，当事人有下列情形之一，应当从轻或者减轻行政处罚：(1)已满14周岁不满18周岁的未成年人作出违法行为的；(2)主动消除或者减轻违法行为危害后果的；(3)受他人胁迫或者诱骗实施违法行为的；(4)主动供述行政机关尚未掌握的违法行为的；

(5)配合行政机关查处违法行为有立功表现的;(6)法律、法规、规章规定其他应当从轻或者减轻行政处罚的。

几个关系

在把握如何实施行政处罚这一问题上,除了把握是否处罚或给予多重处罚外,还得把握好几个关系。这几个关系处理得好坏,直接关系到行政处罚具体适用的合法性和准确性是否正当。

处罚与教育的关系

《行政处罚法》(2021 年修订)第 6 条〔6〕直接确立了处罚与教育相结合的原则。该原则要求,无论是否实施处罚,都要坚持以教育为目的。另外,根据第 33 条〔7〕规定,如果依法对当事人不予处罚的,执行机关应当对当事人进行教育,不能“一放了之”。

---

〔6〕《行政处罚法》(2021 年修订)第 6 条规定:“实施行政处罚,纠正违法行为,应当坚持处罚与教育相结合,教育公民、法人或者其他组织自觉守法。”

〔7〕《行政处罚法》(2021 年修订)第 33 条规定:“违法行为轻微并及时改正,没有造成危害后果的,不予行政处罚。初次违法且危害后果轻微并及时改正的,可以不予行政处罚。当事人有证据足以证明没有主观过错的,不予行政处罚。法律、行政法规另有规定的,从其规定。对当事人的违法行为依法不予行政处罚的,行政机关应当对当事人进行教育。”

□ 处罚与纠错的关系

我们以前由于立法上的缺陷，在实践中出现过“罚而不管”“管而不罚”“以罚代管”等现象，一种“违法”行为一经处罚，就转化为“合法”行为了，没有正确处理好处罚与纠错的关系。《行政处罚法》很好地体现了这一关系。第 28 条第 1 款规定：“行政机关实施行政处罚时，应当责令当事人改正或者限期改正违法行为。”也就是说：处罚与改正违法相互不得替代。行政执法机关对当事人处罚时，应当同时责令当事人改正或者限期改正违法行为；就当事人而言，他不仅必须依法接受处罚，同时还负有改正违法行为的义务。

□ 处罚与没收的关系

《行政处罚法》第 28 条第 2 款规定：“当事人有违法所得，除依法应当退赔的外，应当予以没收。违法所得是指实施违法行为所取得的款项。法律、行政法规、部门规章对违法所得的计算另有规定的，从其规定。”也就是说，当事人的违法行为如果有违法所得的，除依法应当退赔的外，必须没收其他违法所得。而且，对违法所得的计算，原则上是指实施违法行为所取得的款项，即不扣除成本，除非法律、行政法规、部门规章对违法所得的计算另有规定。这样的规定是为了不让违法者获益。

□ 处罚与刑罚的关系

《行政处罚法》有许多规定很好地处理了行政处罚和刑事处罚的关系:一是行政处罚和刑事处罚不作双重处罚。行政处罚适用尚未构成犯罪的违法行为;如果违法行为构成犯罪的,应当移送司法机关追究刑事责任。二是双向移送衔接。根据《行政处罚法》第 27 条规定,当事人的违法行为涉嫌犯罪的,行政机关应当及时将案件移送司法机关,由司法机关依法追究刑事责任。对依法不需要追究刑事责任或者免予刑事处罚,但应当给予行政处罚的,司法机关应当及时将案件移送有关行政机关处理。行政机关与司法机关应当加强协调配合,建立健全案件移送制度,加强证据材料移交、接收衔接,完善案件处理信息通报机制。三是当事人已履行的行政处罚,可以折抵相应的刑事责任。根据《行政处罚法》第 35 条的规定,违法行为构成犯罪,人民法院判处拘役或者有期徒刑时,行政机关已经给予当事人行政拘留的,应当依法折抵相应刑期。违法行为构成犯罪,人民法院判处罚金时,行政机关已经给予当事人罚款的,应当折抵相应罚金;行政机关尚未给予当事人罚款的,不再给予罚款。

□ "两次"处罚与"两项"处罚

"一事不二罚"是一项国际上公认的法治原则。尽管《行政处罚法》第 29 条关于"对当事人的同一个违法行为,不得给予两次以上罚款的行政处罚”的表述存在明显的缺陷,没有将“一事不二罚”原则贯彻到底。但在立法精神和理论依据上都是对“一事不二罚”原则的确认。我们必须将“两次”处罚与“两项”处罚区别开来:当事人的“一事”(一次违法行为)不得给予“两次”以上的处罚。两次以上的罚款不行,两次以上的拘留和没收同样不行;但是,对于当事人的“一事”(一次违法行为)可以给予“两项”以上的处罚,如既罚款又没收,既罚款又拘留,或者既罚款又吊销许可证等,这样处罚只要有法律法规依据就行。《治安管理处罚法》等不少法律就有此规定。对当事人的“一事”给予“两次”以上的处罚,显然违反“一事不二罚”原则;但当事人的“一事”依法给予“两项”以上的处罚,并不违反“一事不二罚”原则。

简易程序

以上讲解的是行政处罚的具体适用问题,现在讲解行政处罚的程序问题。

关于行政处罚的程序,应当包括行政处罚的决定程序与行政处罚的执行程序。

当事人违法行为发生后,行政执法机关从立案到作出决定,这一段称为行政处罚的决定程序。《行政处罚法》把行政处罚的决定程序分为简易程序与普通程序。

简易程序属于特别程序,普通程序属于一般程序;不适用简易程序的,都属于普通程序。那么,什么是简易程序呢?

《行政处罚法》第 51 条规定："违法事实确凿并有法定依据，对公民处以二百元以下、对法人或者其他组织处以三千元以下罚款或者警告的行政处罚的，可以当场作出行政处罚决定。法律另有规定的，从其规定。"根据这一规定，简易程序应当是指对于违法事实清楚、依据明确、处罚轻微的案件进行当场处罚的程序。具体需要把握以下几点：

1. 简易程序是当场处罚程序。其是指违法行为当场发生和发现，执法人员当着当事人的面，当即作出处罚决定，并将决定交给当事人。简易程序相对普通程序而言，显得比较简单，无须经过普通程序所必须经历的立案、调查取证、拟处罚决定、事先告知、听证、法制审核、作出决定、送达等复杂的程序环节。

2. 简易程序不是无条件的程序。适用简易程序的案件，必须符合几项严格的条件：(1)违法事实确凿。这是指违法事实清楚简单，如违法停车，一见便知，一般双方对事实都无争议。(2)有明确的处罚依据。即法律、法规、规章明文规定这种行为是必须处罚的。(3)处罚轻微。轻微的处罚案是指低额的罚款和警告。罚款限于对公民处以 200 元以下、对法人或者其他组织处以 3000 元以下的罚款。[8] 但这里不包括通报批评，因为

---

〔8〕 原《行政处罚法》第 33 条把轻微的罚款限定为，对公民处以 50 元以下、对法人或者其他组织处以 1000 元以下的罚款。新《行政处罚法》第 51 条调整了罚款的标准。新的标准是：对公民处以 200 元以下、对法人或者其他组织处以 3000 元以下的罚款。

通报批评这种处罚无法当场进行。

3. 简易程序不是没有程序。简易程序是相对于普通程序而言,比较简单而已,但也是有程序的。《行政处罚法》第 52 条对简易程序作出了明确地要求:执法人员当场作出行政处罚决定的,应当向当事人出示执法证件,填写预定格式、编有号码的行政处罚决定书,并当场交付当事人。当事人拒绝签收的,应当在行政处罚决定书上注明。行政处罚决定书应当载明当事人的违法行为,行政处罚的种类和依据、罚款数额、时间、地点,申请行政复议、提起行政诉讼的途径和期限以及行政机关名称,并由执法人员签名或者盖章。执法人员当场作出的行政处罚决定,应当报所属行政机关备案。

4. 简易程序不是绝对程序。是否只要符合上述三个条件的案件就必须采用简易程序? 不是的。《行政处罚法》第 51 条第 2 句设置了一个“例外”条款,规定“法律另有规定的,从其规定”。也就是说,哪怕是违法事实确凿、处罚依据明确和处罚轻微的案件,只要法律另有规定的,就不适用简易程序,而适用法律另行规定的程序。

5. 简易程序不是放弃诉权程序。以前在实务中操作的方法是,执法机关对于当事人对处罚没有异议的案件才适用简易程序。简易程序以当事人声明对处罚无异议,并由此放弃诉讼权利为前提。当事人接受简易程序以后,就不得再行申请复议或提起诉讼了。这样,简易程序就等同于当事人放弃诉权的程序了。新法第 52 条第 2 款表明,适用简易程序不影响当事人申请复议或提起诉讼的权利。

普通程序

简易程序以外的程序是普通程序。普通程序属于一般程序,它遵循常规性的程序步骤。普通程序的基本环节是:立案—调查取证—拟制决定—事先告知—听证—法制审核—作出决定—送达决定。

立案

立案是指行政执法机关发现当事人有违法行为或违法嫌疑时,决定启动调查核实并视情况决定是否处罚的程序。立案是整个行政处罚程序的起点。尽管立案前,有时也会有事先的调查取证过程,但这只是一个“预程序”。正式的处罚程序应当从“立案”开始。

根据《行政处罚法》第 54 条的规定,发现当事人有违法行为或有违法嫌疑,符合立案标准的,行政执法机关应当及时立案。《行政处罚法》对立案标准未作集中规定,但根据《行政处罚法》的有关规定,可以归纳为以下几条:(1)当事人有违法行为或有违法嫌疑的;(2)该违法行为是依法必须处罚的;(3)违法行为未超过处罚追诉时效的;(4)属于本行政机关管辖的。

□ 调查取证

立案之后,必须进一步调查取证。证据包括:(1)书证;(2)物证;(3)视听资料;(4)电子数据;(5)证人证言;(6)当事人的陈述;(7)鉴定意见;(8)勘验笔录、现场笔录。证据必须经查证属实,方可作为认定案件事实的根据。以非法手段取得的证据,不得作为认定案件事实的根据。《行政处罚法》第 40 条规定,违法事实不清、证据不足的,不得给予行政处罚。

□ 拟制决定

根据《行政处罚法》第 57 条的规定,调查终结以后,行政机关负责人应当对调查结果进行审查,根据不同情况,分别作出如下决定:(1)确有应受行政处罚的违法行为的,根据情节轻重及具体情况,作出行政处罚决定;(2)违法行为轻微,依法可以不予行政处罚的,不予行政处罚;(3)违法事实不能成立的,不予行政处罚;(4)违法行为涉嫌犯罪的,移送司法机关。

对情节复杂或者重大违法行为给予行政处罚,行政机关负责人应当集体讨论决定。

对于应当处罚而作出的处罚决定,属于拟制决定而不是正式决定。因为这一决定还须听取当事人的申辩,有的还须经过听证。

事先告知

拟制处罚决定作出以后，正式处罚决定作出之前，必须事先告知当事人，以听取当事人的申辩意见。

《行政处罚法》第 44 条规定："行政机关在作出行政处罚决定之前，应当告知当事人拟作出的行政处罚内容及事实、理由、依据，并告知当事人依法享有的陈述、申辩、要求听证等权利。"

当事人有权进行陈述和申辩。行政机关必须充分听取当事人的意见，对当事人提出的事实、理由和证据，应当进行复核；当事人提出的事实、理由或者证据成立的，行政机关应当采纳。行政机关不得因当事人陈述、申辩而给予更重的处罚。

听证

听证不是所有处罚程序中的必经环节。但有一些案件是可能会经过听证的。根据《行政处罚法》第 63 条的规定，行政机关拟作出下列行政处罚决定，应当告知当事人有要求听证的权利，当事人要求听证的，行政机关应当组织听证：(1)较大数额罚款；(2)没收较大数额违法所得、没收较大价值非法财物；(3)降低资质等级、吊销许可证件；(4)责令停产停业、责令关闭、限制从业；(5)其他较重的行政处罚；(6)法律、法规、规章规定的其他情形。

经过听证的案件，行政机关应当根据听证笔录，依法作出决定。

□ 法制审核

这是新修订的《行政处罚法》所强调的一个环节。《行政处罚法》第58条明文要求，对于有些案件，行政机关负责人在作出行政处罚的决定之前，应当由从事行政处罚决定法制审核的人员进行法制审核；未经法制审核或者审核未通过的，不得作出决定。这些案件包括：(1)涉及重大公共利益的；(2)直接关系当事人或者第三人重大权益，经过听证程序的；(3)案件情况疑难复杂、涉及多个法律关系的；(4)法律、法规规定应当进行法制审核的其他情形。

新法还要求，行政机关中初次从事行政处罚决定法制审核的人员，应当通过国家统一法律职业资格考试取得法律职业资格。

□ 作出决定

完成调查取证、事先告知和听取意见以及听证之后，行政机关应当依法作出正式的处罚决定。处罚决定应当自行政处罚案件立案之日起90日内作出，法律、法规、规章另有规定的除外。

根据《行政处罚法》第59条的规定，行政处罚决定书应当载明下列事项：(1)当事人的姓名或者名称、地址；(2)违反法律、法规、规章的事实和证据；(3)行政处罚的种类和依据；

(4)行政处罚的履行方式和期限;(5)申请行政复议、提起行政诉讼的途径和期限;(6)作出行政处罚决定的行政机关名称和作出决定的日期。行政处罚决定书必须盖有作出行政处罚决定的行政机关的印章。

对情节复杂或者重大违法行为给予行政处罚,不仅在作出拟制处罚决定时,而且在作出正式行政处罚决定时,都必须经过行政机关负责人集体讨论决定。

□ 送达决定

行政处罚决定书应当在宣告后当场交付当事人;当事人不在场的,行政机关应当在 7 日内依照《民事诉讼法》的有关规定,将行政处罚决定书送达当事人。

当事人同意并签订确认书的,行政机关可以采用传真、电子邮件等方式,将行政处罚决定书等送达当事人。

行政处罚决定书一经送达,便发生法律效力。

三大行政执法制度

原先的《行政处罚法》对处罚程序的设置是比较先进的,早已确立了行政处罚程序中的四大制度,即事先告知制度、听证制度、集体决定制度和权利救济制度。

事先告知制度,是指行政机关在正式作出行政处罚决定之前,告知当事人拟作出的行政处罚内容及事实、理由、依据,并告知当事人依法享有的陈述、申辩、要求听证等权利。这一环节安排在拟制决定之后、正式决定之前。

听证制度，是指行政机关对于一些处罚较重的行政处罚案件，在作出正式决定之前，经当事人申请，提供听证的机会。这一环节同样安排在拟制决定之后、正式决定之前。

集体决定制度，是指行政机关对于情节复杂或者重大违法行为给予行政处罚，在作出拟制处罚决定和正式处罚决定之前，都必须经过行政机关负责人的集体讨论。这一环节安排在拟制决定之前和正式决定之前。

权利救济制度，是指当事人对行政处罚决定不服的，都有权申请行政复议或者提起行政诉讼，或者经行政复议之后提起行政诉讼。这一环节安排在正式的处罚决定送达之后。

这次《行政处罚法》的修订，不仅继续保留原有的四项程序制度，而且还以此为基础，增设了三项行政执法程序制度；或者说，是把三大行政执法程序制度引入《行政处罚法》，即执法公示制度、执法全过程记录制度和重大执法决定法制审核制度。

三项制度聚焦行政执法的源头、过程和结果三个关键环节，是提高政府治理效能的重要抓手，对切实保障人民群众合法权益、推进国家治理体系和治理能力现代化具有重要意义。按照党中央、国务院的部署，国务院办公厅发布了《关于印发推行行政执法公示制度执法全过程记录制度重大执法决定法制审核制度试点工作方案的通知》（国办发〔2017〕14 号），在全国依次推行这三项制度。

行政执法公示制度，是要求执法机关依法及时主动向社会公开有关行政执法信息，行政执法人员在执法过程中要主动表明身份，接受社会监督的程序制度。这一制度引入《行政处罚法》并有多处体现。新修订的《行政处罚法》第 5 条第 3 款再次重申："对违法行为给予行政处罚的规定必须公布；未经公布的，不得作为行政处罚的依据。"第 34 条要求"行政处罚裁量基准应当向社会公布"。第 39 条特别规定："行政处罚的实施机关、立案依据、实施程序和救济渠道等信息应当公示。"第 41 条第 1 款要求电子技术监控设备设置地点向社会公布。第 48 条第 1 款首次规定，"具有一定社会影响的行政处罚决定应当依法公开"。第 42 条对执法人员的执法作出了严格规定："行政处罚应当由具有行政执法资格的执法人员实施。执法人员不得少于两人，法律另有规定的除外。执法人员应当文明执法，尊重和保护当事人合法权益。"

执法全过程记录制度，是要求通过文字、音像等记录方式，对行政执法行为进行记录并归档，实现全过程留痕和可回溯管理制度。这是调查取证阶段必须遵循的制度。新修订的《行政处罚法》第 47 条第一次规定："行政机关应当依法以文字、音像等形式，对行政处罚的启动、调查取证、审核、决定、送达、执行等进行全过程记录，归档保存。"这里强调"全过程记录"非常重要。所谓执法全过程记录，特别是指执法机关的执法摄录仪所拍摄录像，应当从执法的“起点”，即发现当事人违法或者和当事人接触的第一时间开始，到执法活动的结束为止，不能只拍摄对行政机关有利的一个时间段。

重大执法决定法制审核制度，是要求行政机关在作出重大执法决定之前，必须进行法制审核的程序制度。未经法制审核或者审核未通过的，不得作出决定。新修订的《行政处罚法》第58条规定：“有下列情形之一，在行政机关负责人作出行政处罚的决定之前，应当由从事行政处罚决定法制审核的人员进行法制审核；未经法制审核或者审核未通过的，不得作出决定：（一）涉及重大公共利益的；（二）直接关系当事人或者第三人重大权益，经过听证程序的；（三）案件情况疑难复杂、涉及多个法律关系的；（四）法律、法规规定应当进行法制审核的其他情形。”这就将重大复杂的、较大范围内的行政处罚案件纳入法制审核，为行政处罚决定的合法性设立了最后一道屏障。

执行程序

从广义上说，对行政处罚决定的执行程序也是行政处罚程序的一部分。

行政处罚决定作出以后，当事人必须自觉履行。《行政处罚法》第66条规定：“行政处罚决定依法作出后，当事人应当在行政处罚决定书载明的期限内，予以履行。当事人确有经济困难，需要延期或者分期缴纳罚款的，经当事人申请和行政机关批准，可以暂缓或者分期缴纳。”

根据《行政处罚法》第 72 条的规定，当事人逾期不履行行政处罚决定的，作出行政处罚决定的行政机关可以采取下列措施：

1. 到期不缴纳罚款的，每日按罚款数额的 3% 加处罚款，加处罚款的数额不得超出罚款的数额。

2. 根据法律规定，将查封、扣押的财物拍卖、依法处理或者将冻结的存款、汇款划拨抵缴罚款。

3. 根据法律规定，采取其他行政强制执行方式。

4. 依照《行政强制法》的规定申请人民法院强制执行。行政机关批准延期、分期缴纳罚款的，申请人民法院强制执行的期限，自暂缓或者分期缴纳罚款期限结束之日起计算。

思考题

1.《行政处罚法》是如何引入三大行政执法制度并如何体现的？

2. 当事人不履行行政处罚决定，行政机关可依法采取什么执行措施？

第九讲

哪些行政处罚违法或无效？

在这一讲，我们要解决三个问题：

一是什么是违法行为？什么是无效行为？它们之间有什么联系和区别？这是一个前提问题。

二是哪些行政处罚行为是违法的，哪些又是无效的？

三是违法无效的行政处罚行为要承担什么后果？

违法与无效

《行政处罚法》要求行政机关合法有效地作出行政处罚，杜绝和防止违法行政处罚和无效行政处罚的出现。那么，什么是“违法”？什么又是“无效”呢？

违反法律的行为就是违法行为。违法行为不仅包括违反法律的具体规定，也包括违反法律的目的、精神和原则等。

其中，严重的违法行为并要取消其效力的，才属于无效行为。无效是严重的违法。无效的，一定是违法的；但违法的，不一定是无效的。

违法和无效，在法律意义上有明显的区别：

1. 违法的不一定取消效力。可以确认违法但不撤销。但无效行为一定取消效力。

2. 救济时效不同。对违法行为，复议申请的时效是60日，提起诉讼的时效是6个月。但针对无效行政行为无时效限制。

违法行为结构

由于《行政处罚法》的适用范围包括行政处罚的设定和行政处罚的实施。那么，违反《行政处罚法》的行为，也应当包括“设定行为”的违法与“实施行为”的违法。

行政处罚的设定其实是立法行为，行政处罚的实施便是行政行为。它们都可能构成违法或者无效。（见图3）

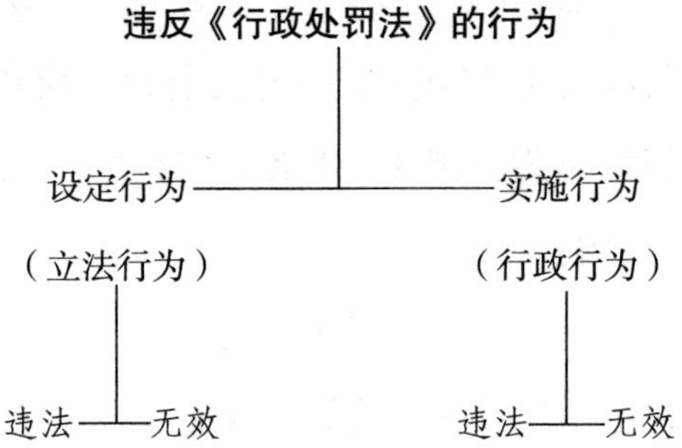

图3　违法行为结构

设定行为违法或无效

按照《行政处罚法》的规定，法律、法规和规章都可以作为“设定法”和“规定法”，即法律、法规和规章都属于“设定”和“规定”行政处罚的法律渊源。法律、法规和规章设定和规定行政处罚，具有下列情形之一的，属于行政处罚设定行为违法。设定行为（立法）违法具体包括：

1. 违反《行政处罚法》目的、精神、原则进行立法。如某地方为了整顿停车秩序，通过最严厉的地方性法规，规定"越线必罚"，而且"从重处罚"。这显然是为处罚而处罚，违背了处罚和教育相结合的原则。

2. 超越设定权立法。有的地方规定，当事人违反交通规则，交警可以对他"罚岗"，强迫其"穿黄马褂"，并要求其要抓住下一位违法者以后方能离开。这种处罚属于"其他罚"，必须由法律或行政法规设定。不是由法律或行政法规，而是由地方性法规，甚至是规章创设这类处罚，便属于超越设定权立法。

3. 超越规定权立法。《行政处罚法》规定，下位法对上位法设定的处罚作细化规定时，不得超越被处罚的行为范围和处罚种类、幅度。下位法超越这三种范围而规定行政处罚的，就属于超越规定权立法。

4. 违反《行政处罚法》规定的条件和程序。《行政处罚法》为各种处罚设置了严格的条件，其他法律、法规和规章不得增加或减少这些条件。同样地，也不得作出违反《行政处罚法》所要求的程序规定。

5. 违反《行政处罚法》的其他规定。

在上述违法设定行为之中，有的属于无效设定。无效设定包括两种情况：

一是法律、法规和规章设定了行政处罚，但是这一规定不公开。《行政处罚法》第5条第3款规定："对违法行为给予行政处罚的规定必须公布；未经公布的，不得作为行政处罚的依据。"

二是法律、法规和规章对行政处罚的规定与上位法相抵触。下位法与上位法抵触的一律无效，这是由《立法法》（2015年修正）第五章所确立的效力规则。

关于对违法设定和无效设定行政处罚行为的处理，按照宪法和《立法法》规定的程序办理，即通过自我纠正、上级监督和法规备案审查途径处理。

实施行为违法

行政处罚实施行为的违法，是指行政处罚行政行为本身的违法。执法机关及其执法人员违反《行政处罚法》精神、原则和具体规定而实施的行政处罚行为，就属于行政处罚行为违法。

行政处罚是行政行为的一种。行政行为的各种违法情形，都可能出现在行政处罚的实施上。

根据《行政诉讼法》（2017年修正）第70条[1]和第72条[2]，并结合《行政处罚法》，下列行政处罚行为属于违法：

1. 无事实依据而给予处罚的。这包括：

（1）所控事实不存在。

（2）所控事实虽然存在，但事实不清。

（3）主要证据不足等。

2. 无法律依据而给予处罚的。这包括：

（1）对当事人违法行为定性错误。对当事人违法行为定性错误就会导致处罚错误。如当事人殴打他人的行为，却被定性为扰乱公共秩序。

（2）处罚的内容违反法律规定。如《行政处罚法》规定当事人无主观过错的不予处罚，结果行政机关对无过错人实施处罚，这就直接违反了法律规定。

（3）无处罚的法律依据。对当事人的某种行为实施处罚，但没有法律、法规和规章相应的处罚规定。

（4）适用无效的法律依据。如适用了和上位法相抵触的法

---

[1] 《行政诉讼法》（2017年修正）第70条规定："行政行为有下列情形之一的，人民法院判决撤销或者部分撤销，并可以判决被告重新作出行政行为：（一）主要证据不足的；（二）适用法律、法规错误的；（三）违反法定程序的；（四）超越职权的；（五）滥用职权的；（六）明显不当的。"

[2] 《行政诉讼法》（2017年修正）第72条规定："人民法院经过审理，查明被告不履行法定职责的，判决被告在一定期限内履行。"

律、法规和规章,或适用了已公布但尚未生效或已废止的法律,或者适用了不公开的法律依据。

(5)适用法律错误的。应当适用这个法但适用了另一个法,或者应当适用这个条款但适用了另外一个条款。如在处理土地违法案件中,对于采取欺骗手段骗取批准,非法占用土地的违法行为的处理,没有适用《土地管理法》(2019 年修正)第 77 条[3],而是适用了针对越权审批行为的第 79 条[4]。

3. 违反法定程序给予处罚的。这方面的情形也较多:

(1)法定步骤省略。例如,必须经过听证的案件,但没有提供听证。

---

〔3〕《土地管理法》(2019 年修正)第 77 条规定:“未经批准或者采取欺骗手段骗取批准,非法占用土地的,由县级以上人民政府自然资源主管部门责令退还非法占用的土地,对违反土地利用总体规划擅自将农用地改为建设用地的,限期拆除在非法占用的土地上新建的建筑物和其他设施,恢复土地原状,对符合土地利用总体规划的,没收在非法占用的土地上新建的建筑物和其他设施,可以并处罚款;对非法占用土地单位的直接负责的主管人员和其他直接责任人员,依法给予处分;构成犯罪的,依法追究刑事责任。超过批准的数量占用土地,多占的土地以非法占用土地论处。”

〔4〕《土地管理法》(2019 年修正)第 79 条规定:“无权批准征收、使用土地的单位或者个人非法批准占用土地的,超越批准权限非法批准占用土地的,不按照土地利用总体规划确定的用途批准用地的,或者违反法律规定的程序批准占用、征收土地的,其批准文件无效,对非法批准征收、使用土地的直接负责的主管人员和其他直接责任人员,依法给予处分;构成犯罪的,依法追究刑事责任。非法批准、使用的土地应当收回,有关当事人拒不归还的,以非法占用土地论处。非法批准征收、使用土地,对当事人造成损失的,依法应当承担赔偿责任。”

(2)法定步骤颠倒。例如,应当先听证,后作出正式处罚决定,但现在作出处罚决定之后,再给当事人提供补充听证的机会。

(3)无根据增加步骤。即在《行政处罚法》规定的程序之外,为当事人增加程序负担。如规定当事人必须提供担保,才给提供听证机会。

(4)不遵守时限。如执法机关没有在规定的期限内作出处罚决定。《行政处罚法》第60条规定:“行政机关应当自行政处罚案件立案之日起九十日内作出行政处罚决定。法律、法规、规章另有规定的,从其规定。”

(5)不遵循法定形式。这是指规定必须采用书面等特定形式而未采用该形式的情形。如执法机关及执法人员只作口头处罚,没有制作行政处罚决定书。

(6)行政处罚决定所载内容不全。如没有按照《行政处罚法》第59条的要求在行政处罚决定书内载明:其一,当事人的姓名或者名称、地址;其二,违反法律、法规、规章的事实和证据;其三,行政处罚的种类和依据;其四,行政处罚的履行方式和期限;其五,申请行政复议或者提起行政诉讼的途径和期限;其六,作出行政处罚决定的行政机关名称和作出决定的日期等事项。或者没有加盖作出行政处罚决定的行政机关的印章。

4. 超越职权给予处罚的。这可简称“越权处罚”,具体包括多种情形:

(1)无权处罚,是指不具有行政主体资格的组织实施行政处罚。如企业事业单位和社会团体,在无法律法规授权或委托的前提下实施行政处罚。

(2)行政机关超越管辖权实施行政处罚。行政处罚的管辖包括地域管辖与层级管辖。如行政机关行使了另外地方的地域管辖权,或者对由上级机关管辖的案件进行行政处罚,这都属于超越管辖权的处罚。

(3)行政机关超越专属权实施行政处罚。某当事人违法,理应行政拘留,但城市执法局对当事人实施了行政拘留,超越了公安机关的专属权限。

(4)其他越权处罚行为。

5. 滥用职权给予处罚的。这包括:

(1)处罚违背立法目的,为实现打击报复等不正当动机。如一位业主在微信上对一位物业人员骂了一句“草包书记”,就遭异地公安机关拘留 3 日的行政处罚,原因就在于有关警察是“草包书记”的前夫。

(2)处罚畸重畸轻,违反过罚相当原则。如一个家庭培训机构,在机构窗前写了一句“最好的培训选择”,就被罚款 50 万元,任谁都会认为处罚得太离谱。

(3)恣意处罚,不遵循前例。处罚非常随意,无规则无标准。以前对同类违法行为都处以 50 元罚款,今天忽然处以 5000 元罚款。

(4)其他滥用处罚权的行为。

6. 该处罚的不处罚。例如,不立案、不处罚等,这是行政处罚中的不作为,同样属于违法。

实施行为无效

严重的违法会导致处罚行为的无效。那么,哪些行政处罚是无效的呢?

所谓无效的处罚,是指行政机关实施行政处罚严重违法而导致行政处罚失去法律效力的行政行为。

原《行政处罚法》第3条第2款规定:“没有法定依据或者不遵守法定程序的,行政处罚无效。”这里的“无效”所涉及的“面”既“过广”,也“过窄”。“不遵守法定程序”就无效,显然没有区分主要程序和次要程序,这种“一刀切”既不符合法理,也不符合实际。但对于执法主体无处罚权是否导致行政处罚无效,未作规定。

修订后的《行政处罚法》第38条规定:“行政处罚没有依据或者实施主体不具有行政主体资格的,行政处罚无效。违反法定程序构成重大且明显违法的,行政处罚无效。”这里有了更全面、更准确的标准,即以下三种情况下,行政处罚无效:

1. 实施行政处罚的机关无处罚资格,即没有行政处罚权。无处罚权便无资格,无资格主体所作行为当然无效。

2. 行政处罚没有依据的。没有依据,是指没有法律规范依据，即该行为并不是法律、法规、规章规定必须处罚的行为。

3. 违反法定程序构成重大且明显违法的。也就是说，并不是所有违反程序的行政处罚行为都无效，必须是构成重大且明显违法，才构成无效。

对违法或无效的处理

对违法或无效处罚行为的处理有以下三个途径：

1. 由行政机关本身进行纠错。行政机关必须依法行政，合法有效地行使处罚权，如果发现自己作出的处罚行为是违法的，甚至无效的，自己就有纠正的义务，其可以撤回违法或无效的行政处罚。

2. 由上级人民政府或同级权力机关通过监督程序纠正。根据我国《宪法》（2018 年修正）第 67、89、104 条规定，上级行政机关对下级行政机关，一级人民政府对所属工作部门，权力机关对同级人民政府，具有法律监督权，可以依法撤销或改变被监督者不适当的决定和命令。

3. 通过行政复议和行政诉讼途径纠错。根据《行政复议法》和《行政诉讼法》的规定，当事人不服行政处罚的，都可以依法申请行政复议或提起诉讼。行政复议和行政诉讼是监督行政机关依法处罚和适当处罚的行政监督和司法监督制度。

对于违法的处罚行为，有权机关应当确认违法或撤销违法处罚行为。确认违法只是产生赔偿责任，但不影响其效力。撤销违法，本身就包含了确认违法，并且在确认违法的前提下还取消其效力，才使该处罚行为向前向后都失去效力。

对于无效的处罚行为，有权机关应当确认无效。行政处罚被确认无效的，不仅意味着该处罚行为违法，而且还意味着该处罚行为自始无效，向前向后都失去效力。

行政机关的赔偿责任以行政行为的违法为前提。只要行政处罚被确认违法、确认无效或者撤销处罚的，并且该违法或无效的处罚行为造成了当事人权益上的损害，作出处罚的行政机关就必须依据《国家赔偿法》承担赔偿责任。

思考题

1. 违法的行政处罚与无效的行政处罚有什么区别？它们之间是一种什么关系？
2. 如何防止和纠正行政处罚的违法或者无效？行政处罚违法或无效须承担什么法律责任？

第十讲

不服行政处罚如何申请复议和提起诉讼?

我们的讲座将接近尾声。最后一讲想讨论一下，公民、法人或者其他组织，如果对行政机关作出的处罚决定不服，如何寻找权利救济？

复议与诉讼

作为当事人的公民、法人或者其他组织对行政处罚不服，可以申请行政复议或提起行政诉讼，这是当事人不服行政处罚的权利救济途径，也是当事人维护自身权益的诉讼权利。这一权利在《行政处罚法》中得到明确表达和体现。

《行政处罚法》第 7 条第 1 款规定："公民、法人或者其他组织对行政机关所给予的行政处罚，享有陈述权、申辩权；对行政处罚不服的，有权依法申请行政复议或者提起行政诉讼。"第 52 条规定，适用简易程序作出的行政处罚决定书，必须载明申请行政复议、提起行政诉讼的途径和期限。第 59 条规定，适用普通程序作出的行政处罚决定书应当载明申请行政复议、提起行政诉讼的途径和期限。

处罚行为的可诉性

从《行政复议法》和《行政诉讼法》所确定的受案范围看，行政处罚行为都被列入首项受案范围。

《行政复议法》(2017 年修正)第 6 条把“行政机关作出的警告、罚款、没收违法所得、没收非法财物、责令停产停业、暂扣或者吊销许可证、暂扣或者吊销执照、行政拘留等行政处罚决定”列入第一项复议范围;《行政诉讼法》(2017 年修正)第 12 条同样把“行政拘留、暂扣或者吊销许可证和执照、责令停产停业、没收违法所得、没收非法财物、罚款、警告等行政处罚”列入行政诉讼受案范围的第一项。

《行政复议法》和《行政诉讼法》之所以都把行政处罚行为列入第一项可诉范围,乃是因为行政处罚是一项侵益行为,其法律效果会直接导致公民、法人或者其他组织权益受到损害。

认为违法与实际违法

当事人对行政处罚行为不服,申请行政复议或者提起行政诉讼,都是基于认为行政处罚行为违法。但行政处罚行为是否违法,必须经行政复议或行政诉讼程序之后才能确定。这就出现了两个概念:一是“认为违法”;二是“实际违法”。

“认为违法”是当事人的一种判断状态,是当事人认为行政处罚违法;“实际违法”是行政处罚的客观状态。行政处罚行为是否违法,并不取决于当事人的主观判断,而是取决于行政复议或行政诉讼的最终判定。

但是,当事人申请行政复议或提起行政诉讼的权利,并不以行政处罚行为违法为前提，只要当事人不服行政处罚，认为行政处罚行为违法就可以。

在实践中，如果行政处罚是违法的，当事人不服而申请行政复议或提起行政诉讼，那是可以理解和可以接受的；但明明是依法作出的行政处罚，完全合法合理，为什么还允许当事人申请复议或提起诉讼？

其实当事人申请行政复议或提起行政诉讼，不以所诉行政处罚"实际违法"为前提，而以当事人"认为违法"为前提。即当事人只要"认为"行政处罚是违法的，就有权申请复议或提起诉讼，并不须以行政处罚行为"实际"违法为前提。

行政复议和行政诉讼制度之所以这样设计，乃是因为行政处罚行为是否违法无法事先确认，需要进入行政复议和行政诉讼程序之后方能确认。如果要求只能针对违法的行政处罚才能申请复议或提起诉讼，那么，势必会造成要求"先复议后申请""先裁判后起诉"，程序颠倒。

复议与诉讼的关系

当事人不服行政处罚而寻找权利救济时，到底应当先复议后诉讼，还是先诉讼后复议，或者边复议边诉讼？

根据现行行政复议和行政诉讼制度，当事人不服行政处罚的，可以先申请行政复议，不服行政复议的，再提起行政诉讼；也可以直接提起行政诉讼。[1] 对此,当事人有选择的权利。但是,不得经行政诉讼后再申请行政复议,或者边复议边诉讼。如果当事人既申请行政复议,又提起行政诉讼的,适用最先受理的程序。也就是说,复议机关最先受理复议申请的,那么,人民法院就不得再受理当事人的起诉;如果是人民法院最先受理当事人的起诉的,复议机关就不得再接受当事人的复议申请。[2]

但是,有一种情况当事人是不得选择的。那就是,如果法律、法规规定必须先经过复议才可提起诉讼的,那么当事人就只能先申请复议。[3] 必须先经过复议才能诉讼的案件,称作"复议前置案件"。目前,我国有下列法律和行政法规规定了行政处罚复议前置案件:

1.《行政复议法》(2017 年修正)第 14 条规定:"对国务院

---

[1] 《行政诉讼法》(2017 年修正)第 44 条第 1 款规定:"对属于人民法院受案范围的行政案件,公民、法人或者其他组织可以先向行政机关申请复议,对复议决定不服的,再向人民法院提起诉讼;也可以直接向人民法院提起诉讼。"

[2] 《行政复议法》(2017 年修正)第 16 条规定:"公民、法人或者其他组织申请行政复议,行政复议机关已经依法受理的,或者法律、法规规定应当先向行政复议机关申请行政复议、对行政复议决定不服再向人民法院提起行政诉讼的,在法定行政复议期限内不得向人民法院提起行政诉讼。公民、法人或者其他组织向人民法院提起行政诉讼,人民法院已经依法受理的,不得申请行政复议。"

[3] 《行政诉讼法》(2017 年修正)第 44 条第 2 款规定:"法律、法规规定应当先向行政机关申请复议,对复议决定不服再向人民法院提起诉讼的,依照法律、法规的规定。"

部门或者省、自治区、直辖市人民政府的具体行政行为不服的,向作出该具体行政行为的国务院部门或者省、自治区、直辖市人民政府申请行政复议。对行政复议决定不服的,可以向人民法院提起行政诉讼;也可以向国务院申请裁决,国务院依照本法的规定作出最终裁决。”第30条第1款:“公民、法人或者其他组织认为行政机关的具体行政行为侵犯其已经依法取得的土地、矿藏、水流、森林、山岭、草原、荒地、滩涂、海域等自然资源的所有权或者使用权的,应当先申请行政复议;对行政复议决定不服的,可以依法向人民法院提起行政诉讼。”

2.《集会游行示威法》(2009年修正)第31条规定:“当事人对公安机关依照本法第二十八条第二款或者第三十条的规定给予的拘留处罚决定不服的,可以自接到处罚决定通知之日起五日内,向上一级公安机关提出申诉,上一级公安机关应当自接到申诉之日起五日内作出裁决;对上一级公安机关裁决不服的,可以自接到裁决通知之日起五日内,向人民法院提起诉讼。”

3.《外汇管理条例》(2008年修订)第51条规定:“当事人对外汇管理机关作出的具体行政行为不服的,可以依法申请行政复议;对行政复议决定仍不服的,可以依法向人民法院提起行政诉讼。”

4.《企业法人登记管理条例》(2019年修订)第31条规定:“企业法人对登记主管机关的处罚不服时,可以在收到处罚通知后15日内向上一级登记主管机关申请复议。上级登记主管机关应当在收到复议申请之日起30日内作出复议决定。申请人对复议决定不服的,可以在收到复议通知之日起30日内向人民法院起诉。逾期不提出申诉又不缴纳罚没款的,登记主管机关可以按照规定程序申请人民法院强制执行。”

5.《军品出口管理条例》(2002年修订)第27条规定:“军品贸易公司对国家军品出口主管部门作出的具体行政行为不服的,应当先依法申请行政复议;对行政复议决定仍不服的,可以依法向人民法院提起行政诉讼。”

6.《城市居民最低生活保障条例》(1999年实施)第15条规定:“城市居民对县级人民政府民政部门作出的不批准享受城市居民最低生活保障待遇或者减发、停发城市居民最低生活保障款物的决定或者给予的行政处罚不服的,可以依法申请行政复议;对复议决定仍不服的,可以依法提起行政讼诉。”

7.《价格违法行为行政处罚规定》(2010年修订)第20条规定:“经营者对政府价格主管部门作出的处罚决定不服的,应当先依法申请行政复议;对行政复议决定不服的,可以依法向人民法院提起诉讼。”

申请复议

不服行政处罚的公民、法人或者其他组织为复议申请人,作出行政处罚决定的行政机关为被申请人。

申请人不服行政处罚,必须在法定期限内申请复议,否则将失去复议申请权。《行政复议法》（2017 年修正）第 9 条第 1 款规定："公民、法人或者其他组织认为具体行政行为侵犯其合法权益的，可以自知道该具体行政行为之日起六十日内提出行政复议申请；但是法律规定的申请期限超过六十日的除外。"也就是说，当事人申请复议的期限是 60 日及以上，这要视具体的法律而定。

复议申请向谁提出，由哪个机关负责复议，这是复议管辖的问题。行政复议管辖是指不同层级、不同职能的行政机关之间受理复议案件的分工。管辖的实质意义在于解决具体对某一行政复议案件由哪一个行政机关行使复议权。对于相对人来说，管辖意味着相对人对某一行政处罚不服可以依法向哪个行政机关申请复议。

根据《行政复议法》（2017 年修正）第 12 ~ 15 条规定，行政复议管辖制度如下：

1. 对县级以上地方各级人民政府工作部门的行政处罚不服的，由申请人选择，可以向该部门的本级人民政府申请行政复议，也可以向上一级主管部门申请行政复议。

2. 对海关、金融、国税、外汇管理等实行垂直领导的行政机关和国家安全机关的行政处罚不服的，向上一级主管部门申请行政复议。

3. 对地方各级人民政府的行政处罚不服的，向上一级地方人民政府申请行政复议。

4. 对省、自治区人民政府依法设立的派出机关所属的县级地方人民政府的行政处罚不服的，向该派出机关申请行政复议。

5. 对国务院部门或者省、自治区、直辖市人民政府的行政处罚不服的，向作出该行政行为的国务院部门或者省、自治区、直辖市人民政府申请行政复议。对行政复议决定不服的，可以向人民法院提起行政诉讼；也可以向国务院申请裁决，国务院依照本法的规定作出最终裁决。

□ 复议程序

行政复议程序，是指行政复议机关审理行政复议案件所遵循的步骤。它性质上属于行政程序。根据《行政复议法》(2017年修正)的规定，行政复议程序大体上依次经过四个阶段，即申请、受理、审理和决定。

□ 申请

申请由当事人在法定期限内依法提出。当事人提出复议申请必须符合申请条件：

1. 申请人是认为行政处罚行为侵犯其合法权益的公民、法人或者其他组织。

2. 有明确的被申请人，即作出行政处罚的行政机关。

3. 有具体的复议请求和事实根据。复议请求是指申请人申请复议时向复议机关提出的具体要求，如请求撤销违法的行政处罚，变更明显不当的行政处罚，决定被申请人履行法律、法规和规章规定的职责,责令被申请人赔偿损失等。

4. 属于申请复议范围,即必须符合《行政复议法》(2017 年修正)第 6 条和第 7 条的规定。

5. 属于受理复议机关管辖。

6. 法律、法规规定的其他条件。

□ 受理

申请人提出复议申请后,行政复议机关应对复议申请书进行审查。审查后,应当在收到申请书之日起 10 日内,对复议申请分别作出以下处理:

1. 复议申请符合法定条件的,应予受理。

2. 复议申请不符合申请实质条件的,决定不予受理并告之理由。

3. 复议申请书内容不齐全的,应当把复议申请书发还给申请人,限期补正。过期不补正的,视为未申请。

□ 审理

行政复议机关受理复议申请后,行政复议程序便进入审理阶段。审理是复议程序中最实质的阶段。通过审理,查清事实,为适用法律即作出复议决定打下基础。

审理以书面审查为主,也可根据案件的具体情况,决定其他形式审理。在审理中,要对行政处罚是否合法和适当进行审查。

□ 决定

复议机关通过对复议案件的审理,最后要作出决定。根据《行政复议法》(2017 年修正)的规定,复议决定有以下五种:

1. 维持决定。维持决定是指复议机关作出的维持行政处罚的决定。对于行政处罚适用法律、法规、规章正确,事实清楚,符合法定权限和程序的,复议机关应当决定维持。

2. 履行决定。履行决定是指复议机关责令被申请人履行某种有关行政处罚方面的法定职责的决定。

3. 撤销或变更决定。撤销、变更决定是指复议机关作出的撤销或者变更行政处罚的决定。行政处罚有下列情形之一的,复议机关可以决定撤销或变更:(1)主要事实不清、证据不足的;(2)适用依据错误的;(3)违反法定程序的;(4)超越或者滥用职权的;(5)行政行为明显不当的。

4. 重作决定。重作决定是指复议机关责令被申请人重新作出行政处罚的决定。行政处罚如果有主要事实不清,适用法律、法规、规章错误,违反法定程序影响申请人合法权益,超越或滥用职权等情形,复议机关依法决定撤销后,可以责令被申请人重新作出行政处罚。

■ 提起诉讼

当事人提起行政诉讼有两种情况:一是经过行政复议并对行政复议决定不服的;二是不服行政处罚直接提起行政诉

讼的。

对行政复议决定不服提起行政诉讼的,当事人应当从收到复议决定之日起15日内起诉[4];如果不经过复议而直接诉讼,那就应当自收到行政处罚决定之日起6个月内起诉。法律另有规定的除外。[5]

当事人提起行政诉讼,必须符合起诉条件:(1)适格的原告;(2)适格的被告;(3)可诉的行政行为;(4)有管辖权的法院;(5)有明确的诉讼请求;(6)经过前置性程序;(7)在起诉期限内。

在行政诉讼法律关系中,不服行政处罚提起诉讼的当事人是原告。而被告复杂一些。在直接诉讼中,就是作出行政处罚的行政机关为被告;而经过复议的案件,复议机关维持原处罚决定的,原行政机关和复议机关为共同被告,复议机关改变原处罚

---

〔4〕《行政诉讼法》(2017年修正)第45条规定:"公民、法人或者其他组织不服复议决定的,可以在收到复议决定书之日起十五日内向人民法院提起诉讼。复议机关逾期不作决定的,申请人可以在复议期满之日起十五日内向人民法院提起诉讼。法律另有规定的除外。"

〔5〕《行政诉讼法》(2017年修正)第46条规定:"公民、法人或者其他组织直接向人民法院提起诉讼的,应当自知道或者应当知道作出行政行为之日起六个月内提出。法律另有规定的除外。因不动产提起诉讼的案件自行政行为作出之日起超过二十年,其他案件自行政行为作出之日起超过五年提起诉讼的,人民法院不予受理。"

决定的,复议机关为被告。[6]

□ 诉讼管辖

诉讼管辖,是指人民法院审理和裁判案件的权限,是人民法院审理行政处罚案件的分工。它分为级别管辖与地域管辖。

级别管辖原则上由基层法院审理。下列案件才由中级人民法院管辖:(1)对国务院部门或者县级以上地方人民政府所作的行政行为提起诉讼的案件。(2)海关处理的案件。(3)本辖区内重大、复杂的案件。(4)其他法律规定由中级人民法院管辖的案件。高级人民法院管辖本辖区内重大、复杂的第一审行政案件。最高人民法院管辖全国范围内重大、复杂的第一审行政案件。

地域管辖原则上是"原告就被告",即由被告所在地法院管辖。不动产案件,由不动产所在地法院管辖。随着司法制度的

[6] 《行政诉讼法》(2017年修正)第26条规定:"公民、法人或者其他组织直接向人民法院提起诉讼的,作出行政行为的行政机关是被告。经复议的案件,复议机关决定维持原行政行为的,作出原行政行为的行政机关和复议机关是共同被告;复议机关改变原行政行为的,复议机关是被告。复议机关在法定期限内未作出复议决定,公民、法人或者其他组织起诉原行政行为的,作出原行政行为的行政机关是被告;起诉复议机关不作为的,复议机关是被告。两个以上行政机关作出同一行政行为的,共同作出行政行为的行政机关是共同被告。行政机关委托的组织所作的行政行为,委托的行政机关是被告。行政机关被撤销或者职权变更的,继续行使其职权的行政机关是被告。"

改革，这些年还出现了相对集中管辖和异地交叉管辖制度。

□ 诉讼程序

行政诉讼的一审程序可分为简易程序与一般程序。

简易程序适用四类案件：(1)被诉行政行为是依法当场作出的；(2)案件涉及款额 2000 元以下的；(3)属于政府信息公开案件的；(4)当事人各方同意适用简易程序的。[7]

简易程序由审判员一人独任审理，并应当在立案之日起 45 日内审结。[8]

简易程序以外的是普通程序。普通程序经历了起诉与受理—审理—裁判等环节。

□ 起诉与受理

当事人起诉后，符合起诉条件的，应当登记立案。对当场不能判定是否符合起诉条件的，人民法院应当在 7 日内决定是否立案。对于不符合起诉条件的，应当作出不予立案的裁定。

---

〔7〕《行政诉讼法》(2017 年修正)第 82 条规定："人民法院审理下列第一审行政案件，认为事实清楚、权利义务关系明确、争议不大的，可以适用简易程序：(一)被诉行政行为是依法当场作出的；(二)案件涉及款额二千元以下的；(三)属于政府信息公开案件的。除前款规定以外的第一审行政案件，当事人各方同意适用简易程序的，可以适用简易程序。发回重审、按照审判监督程序再审的案件不适用简易程序。"

〔8〕《行政诉讼法》(2017 年修正)第 83 条规定："适用简易程序审理的行政案件，由审判员一人独任审理，并应当在立案之日起四十五日内审结。"

□ 审理

行政案件的审理，实行合议制、开庭审理和公开审理。

在审理中，人民法院原则上对行政处罚是否合法进行审查。

□ 裁判

经过审理之后，人民法院根据具体情况依法作出有关判决。

1. 驳回原告诉讼请求的判决。《行政诉讼法》(2017 年修正)第 69 条规定："行政行为证据确凿，适用法律、法规正确，符合法定程序的，或者原告申请被告履行法定职责或者给付义务理由不成立的，人民法院判决驳回原告的诉讼请求。"

2. 撤销判决。即人民法院作出的撤销或部分撤销被诉行政处罚的判决。它适用行政处罚的几种情况：(1)行政处罚主要证据不足；(2)行政处罚适用法律、法规错误；(3)行政处罚违反法定程序；(4)越权处罚的；(5)滥用职权的；(6)处罚明显不当的。

3. 履行判决。即人民法院作出的责令行政机关履行行政处罚职责的判决，它适用行政处罚中的不作为。

4. 确认违法判决。即人民法院作出的确认行政处罚违法但不予撤销的判决。它适用几种情况：(1)行政处罚依法应当撤销，但撤销会给国家利益、社会公共利益造成重大损害的；(2)行政处罚程序轻微违法，但对原告权利不产生实际影响的；(3)行政处罚违法，但不具有可撤销内容的；(4)被告改变原违法行政处罚，原告仍要求确认原行政处罚违法的；(5)被告不履行或者拖延履行法定职责，判决履行没有意义的。

5. 确认无效判决。即人民法院作出的确认行政处罚无效的判决。根据《行政处罚法》（2021 年修订）第 38 条规定，它适用几种情况：(1) 实施主体不具有行政主体资格；(2) 作出行政处罚无规范依据；(3) 处罚违反法定程序构成重大且明显违法。[9]

6. 变更判决。即人民法院作出的调整处罚种类和幅度的判决。《行政诉讼法》（2017 年修正）第 77 条第 1 款规定："行政处罚明显不当，或者其他行政行为涉及对款额的确定、认定确有错误的，人民法院可以判决变更。"

行政诉讼实行两审终审制。当事人不服一审判决的，可以上诉进入二审程序。

一审的审限是 6 个月，二审的审限是 3 个月。

思考题

1. 监督行政处罚的两大法律制度是什么？行政复议与行政诉讼是什么关系？
2. 当事人不服行政处罚，如何申请复议和提起诉讼？

---

〔9〕《行政处罚法》（2021 年修订）第 38 条规定："行政处罚没有依据或者实施主体不具有行政主体资格的，行政处罚无效。违反法定程序构成重大且明显违法的，行政处罚无效。"

附录一

《中华人民共和国行政处罚法》

（1996年3月17日第八届全国人民代表大会第四次会议通过 根据2009年8月27日第十一届全国人民代表大会常务委员会第十次会议《关于修改部分法律的决定》第一次修正 根据2017年9月1日第十二届全国人民代表大会常务委员会第二十九次会议《关于修改〈中华人民共和国法官法〉等八部法律的决定》第二次修正 2021年1月22日第十三届全国人民代表大会常务委员会第二十五次会议修订）

目 录

第八章　附则

第一章　总　　则

第一条　为了规范行政处罚的设定和实施，保障和监督行政机关有效实施行政管理，维护公共利益和社会秩序，保护公民、法人或者其他组织的合法权益，根据宪法，制定本法。

第二条　行政处罚是指行政机关依法对违反行政管理秩序的公民、法人或者其他组织，以减损权益或者增加义务的方式予以惩戒的行为。

第三条　行政处罚的设定和实施，适用本法。

第四条　公民、法人或者其他组织违反行政管理秩序的行为，应当给予行政处罚的，依照本法由法律、法规、规章规定，并由行政机关依照本法规定的程序实施。

第五条　行政处罚遵循公正、公开的原则。

设定和实施行政处罚必须以事实为依据，与违法行为的事实、性质、情节以及社会危害程度相当。

对违法行为给予行政处罚的规定必须公布；未经公布的，不得作为行政处罚的依据。

第六条　实施行政处罚，纠正违法行为，应当坚持处罚与教育相结合，教育公民、法人或者其他组织自觉守法。

第七条　公民、法人或者其他组织对行政机关所给予的行政处罚，享有陈述权、申辩权；对行政处罚不服的，有权依法申请行政复议或者提起行政诉讼。

公民、法人或者其他组织因行政机关违法给予行政处罚受到损害的，有权依法提出赔偿要求。

第八条 公民、法人或者其他组织因违法行为受到行政处罚,其违法行为对他人造成损害的,应当依法承担民事责任。

违法行为构成犯罪,应当依法追究刑事责任的,不得以行政处罚代替刑事处罚。

第二章 行政处罚的种类和设定

第九条 行政处罚的种类:

(一)警告、通报批评;

(二)罚款、没收违法所得、没收非法财物;

(三)暂扣许可证件、降低资质等级、吊销许可证件;

(四)限制开展生产经营活动、责令停产停业、责令关闭、限制从业;

(五)行政拘留;

(六)法律、行政法规规定的其他行政处罚。

第十条 法律可以设定各种行政处罚。

限制人身自由的行政处罚,只能由法律设定。

第十一条 行政法规可以设定除限制人身自由以外的行政处罚。

法律对违法行为已经作出行政处罚规定,行政法规需要作出具体规定的,必须在法律规定的给予行政处罚的行为、种类和幅度的范围内规定。

法律对违法行为未作出行政处罚规定,行政法规为实施法律,可以补充设定行政处罚。拟补充设定行政处罚的,应当通过听证会、论证会等形式广泛听取意见,并向制定机关作出书面说明。行政法规报送备案时,应当说明补充设定行政处罚的情况。

第十二条 地方性法规可以设定除限制人身自由、吊销营业执照以外的行政处罚。

法律、行政法规对违法行为已经作出行政处罚规定,地方性法规需要作出具体规定的,必须在法律、行政法规规定的给予行政处罚的行为、种类和幅度的范围内规定。

法律、行政法规对违法行为未作出行政处罚规定,地方性法规为实施法律、行政法规,可以补充设定行政处罚。拟补充设定行政处罚的,应当通过听证会、论证会等形式广泛听取意见,并向制定机关作出书面说明。地方性法规报送备案时,应当说明补充设定行政处罚的情况。

第十三条 国务院部门规章可以在法律、行政法规规定的给予行政处罚的行为、种类和幅度的范围内作出具体规定。

尚未制定法律、行政法规的,国务院部门规章对违反行政管理秩序的行为,可以设定警告、通报批评或者一定数额罚款的行政处罚。罚款的限额由国务院规定。

第十四条 地方政府规章可以在法律、法规规定的给予行政处罚的行为、种类和幅度的范围内作出具体规定。

尚未制定法律、法规的,地方政府规章对违反行政管理秩序的行为,可以设定警告、通报批评或者一定数额罚款的行政处罚。罚款的限额由省、自治区、直辖市人民代表大会常务委员会规定。

第十五条 国务院部门和省、自治区、直辖市人民政府及其有关部门应当定期组织评估行政处罚的实施情况和必要性,对不适当的行政处罚事项及种类、罚款数额等,应当提出修改或者废止的建议。

第十六条 除法律、法规、规章外,其他规范性文件不得设定行政处罚。

第三章 行政处罚的实施机关

第十七条 行政处罚由具有行政处罚权的行政机关在法定职权范围内实施。

第十八条 国家在城市管理、市场监管、生态环境、文化市场、交通运输、应急管理、农业等领域推行建立综合行政执法制度,相对集中行政处罚权。

国务院或者省、自治区、直辖市人民政府可以决定一个行政机关行使有关行政机关的行政处罚权。

限制人身自由的行政处罚权只能由公安机关和法律规定的其他机关行使。

第十九条 法律、法规授权的具有管理公共事务职能的组织可以在法定授权范围内实施行政处罚。

第二十条 行政机关依照法律、法规、规章的规定,可以在其法定权限内书面委托符合本法第二十一条规定条件的组织实施行政处罚。行政机关不得委托其他组织或者个人实施行政处罚。

委托书应当载明委托的具体事项、权限、期限等内容。委托行政机关和受委托组织应当将委托书向社会公布。

委托行政机关对受委托组织实施行政处罚的行为应当负责监督,并对该行为的后果承担法律责任。

受委托组织在委托范围内,以委托行政机关名义实施行政处罚;不得再委托其他组织或者个人实施行政处罚。

第二十一条 受委托组织必须符合以下条件：

（一）依法成立并具有管理公共事务职能；

（二）有熟悉有关法律、法规、规章和业务并取得行政执法资格的工作人员；

（三）需要进行技术检查或者技术鉴定的，应当有条件组织进行相应的技术检查或者技术鉴定。

第四章 行政处罚的管辖和适用

第二十二条 行政处罚由违法行为发生地的行政机关管辖。法律、行政法规、部门规章另有规定的，从其规定。

第二十三条 行政处罚由县级以上地方人民政府具有行政处罚权的行政机关管辖。法律、行政法规另有规定的，从其规定。

第二十四条 省、自治区、直辖市根据当地实际情况，可以决定将基层管理迫切需要的县级人民政府部门的行政处罚权交由能够有效承接的乡镇人民政府、街道办事处行使，并定期组织评估。决定应当公布。

承接行政处罚权的乡镇人民政府、街道办事处应当加强执法能力建设，按照规定范围、依照法定程序实施行政处罚。

有关地方人民政府及其部门应当加强组织协调、业务指导、执法监督，建立健全行政处罚协调配合机制，完善评议、考核制度。

第二十五条 两个以上行政机关都有管辖权的，由最先立案的行政机关管辖。

对管辖发生争议的，应当协商解决，协商不成的，报请共同的上一级行政机关指定管辖；也可以直接由共同的上一级行政机关指定管辖。

第二十六条 行政机关因实施行政处罚的需要，可以向有关机关提出协助请求。协助事项属于被请求机关职权范围内的，应当依法予以协助。

第二十七条 违法行为涉嫌犯罪的，行政机关应当及时将案件移送司法机关，依法追究刑事责任。对依法不需要追究刑事责任或者免予刑事处罚，但应当给予行政处罚的，司法机关应当及时将案件移送有关行政机关。

行政处罚实施机关与司法机关之间应当加强协调配合，建立健全案件移送制度，加强证据材料移交、接收衔接，完善案件处理信息通报机制。

第二十八条 行政机关实施行政处罚时，应当责令当事人改正或者限期改正违法行为。

当事人有违法所得，除依法应当退赔的外，应当予以没收。违法所得是指实施违法行为所取得的款项。法律、行政法规、部门规章对违法所得的计算另有规定的，从其规定。

第二十九条 对当事人的同一个违法行为，不得给予两次以上罚款的行政处罚。同一个违法行为违反多个法律规范应当给予罚款处罚的，按照罚款数额高的规定处罚。

第三十条 不满十四周岁的未成年人有违法行为的，不予行政处罚，责令监护人加以管教；已满十四周岁不满十八周岁的未成年人有违法行为的，应当从轻或者减轻行政处罚。

第三十一条 精神病人、智力残疾人在不能辨认或者不能控制自己行为时有违法行为的，不予行政处罚，但应当责令其监护人严加看管和治疗。间歇性精神病人在精神正常时有违法行为的,应当给予行政处罚。尚未完全丧失辨认或者控制自己行为能力的精神病人、智力残疾人有违法行为的,可以从轻或者减轻行政处罚。

第三十二条 当事人有下列情形之一,应当从轻或者减轻行政处罚:

(一)主动消除或者减轻违法行为危害后果的;

(二)受他人胁迫或者诱骗实施违法行为的;

(三)主动供述行政机关尚未掌握的违法行为的;

(四)配合行政机关查处违法行为有立功表现的;

(五)法律、法规、规章规定其他应当从轻或者减轻行政处罚的。

第三十三条 违法行为轻微并及时改正,没有造成危害后果的,不予行政处罚。初次违法且危害后果轻微并及时改正的,可以不予行政处罚。

当事人有证据足以证明没有主观过错的,不予行政处罚。法律、行政法规另有规定的,从其规定。

对当事人的违法行为依法不予行政处罚的,行政机关应当对当事人进行教育。

第三十四条 行政机关可以依法制定行政处罚裁量基准,规范行使行政处罚裁量权。行政处罚裁量基准应当向社会公布。

第三十五条 违法行为构成犯罪,人民法院判处拘役或者有期徒刑时,行政机关已经给予当事人行政拘留的,应当依法折抵相应刑期。

违法行为构成犯罪,人民法院判处罚金时,行政机关已经给予当事人罚款的,应当折抵相应罚金;行政机关尚未给予当事人罚款的,不再给予罚款。

第三十六条 违法行为在二年内未被发现的,不再给予行政处罚;涉及公民生命健康安全、金融安全且有危害后果的，上述期限延长至五年。法律另有规定的除外。

前款规定的期限，从违法行为发生之日起计算；违法行为有连续或者继续状态的，从行为终了之日起计算。

第三十七条 实施行政处罚，适用违法行为发生时的法律、法规、规章的规定。但是，作出行政处罚决定时，法律、法规、规章已被修改或者废止，且新的规定处罚较轻或者不认为是违法的，适用新的规定。

第三十八条 行政处罚没有依据或者实施主体不具有行政主体资格的，行政处罚无效。

违反法定程序构成重大且明显违法的，行政处罚无效。

第五章 行政处罚的决定

第一节 一般规定

第三十九条 行政处罚的实施机关、立案依据、实施程序和救济渠道等信息应当公示。

第四十条 公民、法人或者其他组织违反行政管理秩序的行为，依法应当给予行政处罚的，行政机关必须查明事实；违法事实不清、证据不足的，不得给予行政处罚。

第四十一条 行政机关依照法律、行政法规规定利用电子技术监控设备收集、固定违法事实的，应当经过法制和技术审核，确保电子技术监控设备符合标准、设置合理、标志明显，设置地点应当向社会公布。

电子技术监控设备记录违法事实应当真实、清晰、完整、准确。行政机关应当审核记录内容是否符合要求；未经审核或者经审核不符合要求的，不得作为行政处罚的证据。

行政机关应当及时告知当事人违法事实，并采取信息化手段或者其他措施，为当事人查询、陈述和申辩提供便利。不得限制或者变相限制当事人享有的陈述权、申辩权。

第四十二条 行政处罚应当由具有行政执法资格的执法人员实施。执法人员不得少于两人，法律另有规定的除外。

执法人员应当文明执法，尊重和保护当事人合法权益。

第四十三条 执法人员与案件有直接利害关系或者有其他关系可能影响公正执法的，应当回避。

当事人认为执法人员与案件有直接利害关系或者有其他关系可能影响公正执法的，有权申请回避。

当事人提出回避申请的，行政机关应当依法审查，由行政机关负责人决定。决定作出之前，不停止调查。

第四十四条 行政机关在作出行政处罚决定之前，应当告知当事人拟作出的行政处罚内容及事实、理由、依据，并告知当事人依法享有的陈述、申辩、要求听证等权利。

第四十五条 当事人有权进行陈述和申辩。行政机关必须充分听取当事人的意见，对当事人提出的事实、理由和证据，应当进行复核；当事人提出的事实、理由或者证据成立的，行政机关应当采纳。

行政机关不得因当事人陈述、申辩而给予更重的处罚。

第四十六条 证据包括：

（一）书证；

（二）物证；

（三）视听资料；

（四）电子数据；

（五）证人证言；

（六）当事人的陈述；

（七）鉴定意见；

（八）勘验笔录、现场笔录。

证据必须经查证属实，方可作为认定案件事实的根据。

以非法手段取得的证据，不得作为认定案件事实的根据。

第四十七条 行政机关应当依法以文字、音像等形式，对行政处罚的启动、调查取证、审核、决定、送达、执行等进行全过程记录，归档保存。

第四十八条 具有一定社会影响的行政处罚决定应当依法公开。

公开的行政处罚决定被依法变更、撤销、确认违法或者确认无效的，行政机关应当在三日内撤回行政处罚决定信息并公开说明理由。

第四十九条 发生重大传染病疫情等突发事件，为了控制、减轻和消除突发事件引起的社会危害，行政机关对违反突发事件应对措施的行为，依法快速、从重处罚。

第五十条 行政机关及其工作人员对实施行政处罚过程中知悉的国家秘密、商业秘密或者个人隐私，应当依法予以保密。

第二节 简易程序

第五十一条 违法事实确凿并有法定依据，对公民处以二百元以下、对法人或者其他组织处以三千元以下罚款或者警告的行政处罚的，可以当场作出行政处罚决定。法律另有规定的，从其规定。

第五十二条 执法人员当场作出行政处罚决定的，应当向当事人出示执法证件，填写预定格式、编有号码的行政处罚决定书，并当场交付当事人。当事人拒绝签收的，应当在行政处罚决定书上注明。

前款规定的行政处罚决定书应当载明当事人的违法行为，行政处罚的种类和依据、罚款数额、时间、地点，申请行政复议、提起行政诉讼的途径和期限以及行政机关名称，并由执法人员签名或者盖章。

执法人员当场作出的行政处罚决定，应当报所属行政机关备案。

第五十三条 对当场作出的行政处罚决定，当事人应当依照本法第六十七条至第六十九条的规定履行。

第三节 普通程序

第五十四条 除本法第五十一条规定的可以当场作出的行政处罚外，行政机关发现公民、法人或者其他组织有依法应当给予行政处罚的行为的，必须全面、客观、公正地调查，收集有关证据；必要时，依照法律、法规的规定，可以进行检查。

符合立案标准的，行政机关应当及时立案。

第五十五条 执法人员在调查或者进行检查时，应当主动向当事人或者有关人员出示执法证件。当事人或者有关人员有权要求执法人员出示执法证件。执法人员不出示执法证件的，当事人或者有关人员有权拒绝接受调查或者检查。

当事人或者有关人员应当如实回答询问，并协助调查或者检查，不得拒绝或者阻挠。询问或者检查应当制作笔录。

第五十六条 行政机关在收集证据时，可以采取抽样取证的方法；在证据可能灭失或者以后难以取得的情况下，经行政机关负责人批准，可以先行登记保存，并应当在七日内及时作出处理决定，在此期间，当事人或者有关人员不得销毁或者转移证据。

第五十七条 调查终结，行政机关负责人应当对调查结果进行审查，根据不同情况，分别作出如下决定：

（一）确有应受行政处罚的违法行为的，根据情节轻重及具体情况，作出行政处罚决定；

（二）违法行为轻微，依法可以不予行政处罚的，不予行政处罚；

（三）违法事实不能成立的，不予行政处罚；

（四）违法行为涉嫌犯罪的，移送司法机关。

对情节复杂或者重大违法行为给予行政处罚，行政机关负责人应当集体讨论决定。

第五十八条 有下列情形之一，在行政机关负责人作出行政处罚的决定之前，应当由从事行政处罚决定法制审核的人员进行法制审核；未经法制审核或者审核未通过的，不得作出决定：

（一）涉及重大公共利益的；

（二）直接关系当事人或者第三人重大权益，经过听证程序的；

（三）案件情况疑难复杂、涉及多个法律关系的；

（四）法律、法规规定应当进行法制审核的其他情形。

行政机关中初次从事行政处罚决定法制审核的人员，应当通过国家统一法律职业资格考试取得法律职业资格。

第五十九条 行政机关依照本法第五十七条的规定给予行政处罚，应当制作行政处罚决定书。行政处罚决定书应当载明下列事项：

（一）当事人的姓名或者名称、地址；

（二）违反法律、法规、规章的事实和证据；

（三）行政处罚的种类和依据；

（四）行政处罚的履行方式和期限；

（五）申请行政复议、提起行政诉讼的途径和期限；

（六）作出行政处罚决定的行政机关名称和作出决定的日期。

行政处罚决定书必须盖有作出行政处罚决定的行政机关的印章。

第六十条 行政机关应当自行政处罚案件立案之日起九十日内作出行政处罚决定。法律、法规、规章另有规定的，从其规定。

第六十一条 行政处罚决定书应当在宣告后当场交付当事人；当事人不在场的，行政机关应当在七日内依照《中华人民共和国民事诉讼法》的有关规定，将行政处罚决定书送达当事人。

当事人同意并签订确认书的，行政机关可以采用传真、电子邮件等方式，将行政处罚决定书等送达当事人。

第六十二条 行政机关及其执法人员在作出行政处罚决定之前，未依照本法第四十四条、第四十五条的规定向当事人告知拟作出的行政处罚内容及事实、理由、依据，或者拒绝听取当事人的陈述、申辩，不得作出行政处罚决定；当事人明确放弃陈述或者申辩权利的除外。

第四节 听证程序

第六十三条 行政机关拟作出下列行政处罚决定，应当告知当事人有要求听证的权利，当事人要求听证的，行政机关应当组织听证：

（一）较大数额罚款；

（二）没收较大数额违法所得、没收较大价值非法财物；

（三）降低资质等级、吊销许可证件；

（四）责令停产停业、责令关闭、限制从业；

（五）其他较重的行政处罚；

（六）法律、法规、规章规定的其他情形。

当事人不承担行政机关组织听证的费用。

第六十四条 听证应当依照以下程序组织：

（一）当事人要求听证的，应当在行政机关告知后五日内提出；

（二）行政机关应当在举行听证的七日前，通知当事人及有关人员听证的时间、地点；

（三）除涉及国家秘密、商业秘密或者个人隐私依法予以保密外，听证公开举行；

（四）听证由行政机关指定的非本案调查人员主持；当事人认为主持人与本案有直接利害关系的，有权申请回避；

（五）当事人可以亲自参加听证，也可以委托一至二人代理；

（六）当事人及其代理人无正当理由拒不出席听证或者未经许可中途退出听证的，视为放弃听证权利，行政机关终止听证；

（七）举行听证时，调查人员提出当事人违法的事实、证据和行政处罚建议，当事人进行申辩和质证；

（八）听证应当制作笔录。笔录应当交当事人或者其代理人核对无误后签字或者盖章。当事人或者其代理人拒绝签字或者盖章的，由听证主持人在笔录中注明。

第六十五条 听证结束后，行政机关应当根据听证笔录，依照本法第五十七条的规定，作出决定。

第六章 行政处罚的执行

第六十六条 行政处罚决定依法作出后，当事人应当在行政处罚决定书载明的期限内，予以履行。

当事人确有经济困难，需要延期或者分期缴纳罚款的，经当事人申请和行政机关批准，可以暂缓或者分期缴纳。

第六十七条 作出罚款决定的行政机关应当与收缴罚款的机构分离。

除依照本法第六十八条、第六十九条的规定当场收缴的罚款外，作出行政处罚决定的行政机关及其执法人员不得自行收缴罚款。

当事人应当自收到行政处罚决定书之日起十五日内，到指定的银行或者通过电子支付系统缴纳罚款。银行应当收受罚款，并将罚款直接上缴国库。

第六十八条 依照本法第五十一条的规定当场作出行政处罚决定，有下列情形之一，执法人员可以当场收缴罚款：

（一）依法给予一百元以下罚款的；

（二）不当场收缴事后难以执行的。

第六十九条 在边远、水上、交通不便地区，行政机关及其执法人员依照本法第五十一条、第五十七条的规定作出罚款决定后，当事人到指定的银行或者通过电子支付系统缴纳罚款确有困难，经当事人提出，行政机关及其执法人员可以当场收缴罚款。

第七十条 行政机关及其执法人员当场收缴罚款的，必须向当事人出具国务院财政部门或者省、自治区、直辖市人民政府财政部门统一制发的专用票据；不出具财政部门统一制发的专用票据的，当事人有权拒绝缴纳罚款。

第七十一条 执法人员当场收缴的罚款，应当自收缴罚款之日起二日内，交至行政机关；在水上当场收缴的罚款，应当自抵岸之日起二日内交至行政机关；行政机关应当在二日内将罚款缴付指定的银行。

第七十二条 当事人逾期不履行行政处罚决定的，作出行政处罚决定的行政机关可以采取下列措施：

（一）到期不缴纳罚款的，每日按罚款数额的百分之三加处罚款，加处罚款的数额不得超出罚款的数额；

（二）根据法律规定，将查封、扣押的财物拍卖、依法处理或者将冻结的存款、汇款划拨抵缴罚款；

（三）根据法律规定，采取其他行政强制执行方式；

（四）依照《中华人民共和国行政强制法》的规定申请人民法院强制执行。

行政机关批准延期、分期缴纳罚款的，申请人民法院强制执行的期限，自暂缓或者分期缴纳罚款期限结束之日起计算。

第七十三条 当事人对行政处罚决定不服，申请行政复议或者提起行政诉讼的，行政处罚不停止执行，法律另有规定的除外。

当事人对限制人身自由的行政处罚决定不服，申请行政复议或者提起行政诉讼的，可以向作出决定的机关提出暂缓执行申请。符合法律规定情形的，应当暂缓执行。

当事人申请行政复议或者提起行政诉讼的，加处罚款的数额在行政复议或者行政诉讼期间不予计算。

第七十四条 除依法应当予以销毁的物品外，依法没收的非法财物必须按照国家规定公开拍卖或者按照国家有关规定处理。

罚款、没收的违法所得或者没收非法财物拍卖的款项，必须全部上缴国库，任何行政机关或者个人不得以任何形式截留、私分或者变相私分。

罚款、没收的违法所得或者没收非法财物拍卖的款项，不得同作出行政处罚决定的行政机关及其工作人员的考核、考评直接或者变相挂钩。除依法应当退还、退赔的外，财政部门不得以任何形式向作出行政处罚决定的行政机关返还罚款、没收的违法所得或者没收非法财物拍卖的款项。

第七十五条 行政机关应当建立健全对行政处罚的监督制度。县级以上人民政府应当定期组织开展行政执法评议、考核，加强对行政处罚的监督检查，规范和保障行政处罚的实施。

行政机关实施行政处罚应当接受社会监督。公民、法人或者其他组织对行政机关实施行政处罚的行为，有权申诉或者检举；行政机关应当认真审查，发现有错误的，应当主动改正。

第七章 法律责任

第七十六条 行政机关实施行政处罚，有下列情形之一，由上级行政机关或者有关机关责令改正，对直接负责的主管人员和其他直接责任人员依法给予处分：

（一）没有法定的行政处罚依据的；

（二）擅自改变行政处罚种类、幅度的；

（三）违反法定的行政处罚程序的；

(四)违反本法第二十条关于委托处罚的规定的;

(五)执法人员未取得执法证件的。

行政机关对符合立案标准的案件不及时立案的,依照前款规定予以处理。

第七十七条 行政机关对当事人进行处罚不使用罚款、没收财物单据或者使用非法定部门制发的罚款、没收财物单据的,当事人有权拒绝,并有权予以检举,由上级行政机关或者有关机关对使用的非法单据予以收缴销毁,对直接负责的主管人员和其他直接责任人员依法给予处分。

第七十八条 行政机关违反本法第六十七条的规定自行收缴罚款的,财政部门违反本法第七十四条的规定向行政机关返还罚款、没收的违法所得或者拍卖款项的,由上级行政机关或者有关机关责令改正,对直接负责的主管人员和其他直接责任人员依法给予处分。

第七十九条 行政机关截留、私分或者变相私分罚款、没收的违法所得或者财物的,由财政部门或者有关机关予以追缴,对直接负责的主管人员和其他直接责任人员依法给予处分;情节严重构成犯罪的,依法追究刑事责任。

执法人员利用职务上的便利,索取或者收受他人财物、将收缴罚款据为己有,构成犯罪的,依法追究刑事责任;情节轻微不构成犯罪的,依法给予处分。

第八十条 行政机关使用或者损毁查封、扣押的财物,对当事人造成损失的,应当依法予以赔偿,对直接负责的主管人员和其他直接责任人员依法给予处分。

第八十一条 行政机关违法实施检查措施或者执行措施,给公民人身或者财产造成损害、给法人或者其他组织造成损失的，应当依法予以赔偿，对直接负责的主管人员和其他直接责任人员依法给予处分；情节严重构成犯罪的，依法追究刑事责任。

第八十二条 行政机关对应当依法移交司法机关追究刑事责任的案件不移交，以行政处罚代替刑事处罚，由上级行政机关或者有关机关责令改正，对直接负责的主管人员和其他直接责任人员依法给予处分；情节严重构成犯罪的，依法追究刑事责任。

第八十三条 行政机关对应当予以制止和处罚的违法行为不予制止、处罚，致使公民、法人或者其他组织的合法权益、公共利益和社会秩序遭受损害的，对直接负责的主管人员和其他直接责任人员依法给予处分；情节严重构成犯罪的，依法追究刑事责任。

第八章　附　　则

第八十四条 外国人、无国籍人、外国组织在中华人民共和国领域内有违法行为，应当给予行政处罚的，适用本法，法律另有规定的除外。

第八十五条 本法中“二日”“三日”“五日”“七日”的规定是指工作日，不含法定节假日。

第八十六条 本法自2021年7月15日起施行。

附录二

《中华人民共和国行政处罚法》修订对照表

行政处罚法 2017 年修正	行政处罚法 2021 年修订
第一章 总 则	第一章 总 则
第一条 为了规范行政处罚的设定和实施，保障和监督行政机关有效实施行政管理，维护公共利益和社会秩序，保护公民、法人或者其他组织的合法权益，根据宪法，制定本法。	第一条 为了规范行政处罚的设定和实施，保障和监督行政机关有效实施行政管理，维护公共利益和社会秩序，保护公民、法人或者其他组织的合法权益，根据宪法，制定本法。
	第二条 **行政处罚是指行政机关依法对违反行政管理秩序的公民、法人或者其他组织，以减损权益或者增加义务的方式予以惩戒的行为。**
第二条 行政处罚的设定和实施，适用本法。	第三条 行政处罚的设定和实施，适用本法。
第三条 公民、法人或者其他组织违反行政管理秩序的行为，应当给予行政处罚的，依照本法由法律、法规或者规章规定，并由行政机关依照本法规定的程序实施。 ~~**没有法定依据或者不遵守法定程序的，行政处罚无效。**~~	第四条 公民、法人或者其他组织违反行政管理秩序的行为，应当给予行政处罚的，依照本法由法律、法规、规章规定，并由行政机关依照本法规定的程序实施。

续表

行政处罚法 2017 年修正	行政处罚法 2021 年修订
第四条 行政处罚遵循公正、公开的原则。 设定和实施行政处罚必须以事实为依据，与违法行为的事实、性质、情节以及社会危害程度相当。 对违法行为给予行政处罚的规定必须公布；未经公布的，不得作为行政处罚的依据。	第五条 行政处罚遵循公正、公开的原则。 设定和实施行政处罚必须以事实为依据，与违法行为的事实、性质、情节以及社会危害程度相当。 对违法行为给予行政处罚的规定必须公布；未经公布的，不得作为行政处罚的依据。
第五条 实施行政处罚，纠正违法行为，应当坚持处罚与教育相结合，教育公民、法人或者其他组织自觉守法。	第六条 实施行政处罚，纠正违法行为，应当坚持处罚与教育相结合，教育公民、法人或者其他组织自觉守法。
第六条 公民、法人或者其他组织对行政机关所给予的行政处罚，享有陈述权、申辩权；对行政处罚不服的，有权依法申请行政复议或者提起行政诉讼。 公民、法人或者其他组织因行政机关违法给予行政处罚受到损害的，有权依法提出赔偿要求。	第七条 公民、法人或者其他组织对行政机关所给予的行政处罚，享有陈述权、申辩权；对行政处罚不服的，有权依法申请行政复议或者提起行政诉讼。 公民、法人或者其他组织因行政机关违法给予行政处罚受到损害的，有权依法提出赔偿要求。
第七条 公民、法人或者其他组织因违法受到行政处罚，其违法行为对他人造成损害的，应当依法承担民事责任。 违法行为构成犯罪，应当依法追究刑事责任，不得以行政处罚代替刑事处罚。	第八条 公民、法人或者其他组织因违法**行为**受到行政处罚，其违法行为对他人造成损害的，应当依法承担民事责任。 违法行为构成犯罪，应当依法追究刑事责任**的**，不得以行政处罚代替刑事处罚。

续表

行政处罚法 2017 年修正	行政处罚法 2021 年修订
第二章 行政处罚的种类和设定	**第二章 行政处罚的种类和设定**
第八条 行政处罚的种类: (一)警告; (二)罚款; (三)没收违法所得、没收非法财物; (四)责令停产停业; (五)暂扣或者吊销许可证~~、暂扣或者吊销执照~~; (六)行政拘留; (七)法律、行政法规规定的其他行政处罚。	第九条 行政处罚的种类: (一)警告、**通报批评**; (二)罚款、没收违法所得、没收非法财物; (三)暂扣许可证件、**降低资质等级**、吊销许可证件; (四)**限制开展生产经营活动**、责令停产停业、**责令关闭、限制从业**; (五)行政拘留; (六)法律、行政法规规定的其他行政处罚。
第九条 法律可以设定各种行政处罚。 限制人身自由的行政处罚,只能由法律设定。	第十条 法律可以设定各种行政处罚。 限制人身自由的行政处罚,只能由法律设定。
第十条 行政法规可以设定除限制人身自由以外的行政处罚。 法律对违法行为已经作出行政处罚规定,行政法规需要作出具体规定的,必须在法律规定的给予行政处罚的行为、种类和幅度的范围内规定。	第十一条 行政法规可以设定除限制人身自由以外的行政处罚。 法律对违法行为已经作出行政处罚规定,行政法规需要作出具体规定的,必须在法律规定的给予行政处罚的行为、种类和幅度的范围内规定。 **法律对违法行为未作出行政处罚规定,行政法规为实施法律,可以补充设定行政处罚。拟补充设定行政处罚的,应当通过听证会、论证会等形式广泛听取意见,并向制定机关作出书面说明。行政法规报送备案时,应当说明补充设定行政处罚的情况。**

续表

行政处罚法 2017 年修正	行政处罚法 2021 年修订
第十一条 地方性法规可以设定除限制人身自由、吊销企业营业执照以外的行政处罚。 法律、行政法规对违法行为已经作出行政处罚规定，地方性法规需要作出具体规定的，必须在法律、行政法规规定的给予行政处罚的行为、种类和幅度的范围内规定。	第十二条 地方性法规可以设定除限制人身自由、吊销营业执照以外的行政处罚。 法律、行政法规对违法行为已经作出行政处罚规定，地方性法规需要作出具体规定的，必须在法律、行政法规规定的给予行政处罚的行为、种类和幅度的范围内规定。 **法律、行政法规对违法行为未作出行政处罚规定，地方性法规为实施法律、行政法规，可以补充设定行政处罚。拟补充设定行政处罚的，应当通过听证会、论证会等形式广泛听取意见，并向制定机关作出书面说明。地方性法规报送备案时，应当说明补充设定行政处罚的情况。**
第十二条 国务院**部**~~、委员会制定的~~规章可以在法律、行政法规规定的给予行政处罚的行为、种类和幅度的范围内作出具体规定。 尚未制定法律、行政法规的，**~~前款规定的国务院部、委员会制定的~~规章**对违反行政管理秩序的行为，可以设定警告或者一定数**量**罚款的行政处罚。罚款的限额由国务院规定。 **~~国务院可以授权具有行政处罚权的直属机构依照本条第一款、第二款的规定，规定行政处罚。~~**	第十三条 国务院**部门**规章可以在法律、行政法规规定的给予行政处罚的行为、种类和幅度的范围内作出具体规定。 尚未制定法律、行政法规的，**国务院部门规章**对违反行政管理秩序的行为，可以设定警告、**通报批评**或者一定数**额**罚款的行政处罚。罚款的限额由国务院规定。

续表

行政处罚法 2017 年修正	行政处罚法 2021 年修订
第十三条 ~~省、自治区、直辖市人民政府和省、自治区人民政府所在地的市人民政府以及经国务院批准的较大的市人民政府制定的规章~~可以在法律、法规规定的给予行政处罚的行为、种类和幅度的范围内作出具体规定。 尚未制定法律、法规的，~~前款规定的人民政府制定的规章~~对违反行政管理秩序的行为，可以设定警告或者一定数**量**罚款的行政处罚。罚款的限额由省、自治区、直辖市人民代表大会常务委员会规定。	第十四条 **地方政府规章**可以在法律、法规规定的给予行政处罚的行为、种类和幅度的范围内作出具体规定。 尚未制定法律、法规的，**地方政府规章**对违反行政管理秩序的行为，可以设定警告、**通报批评**或者一定数**额**罚款的行政处罚。罚款的限额由省、自治区、直辖市人民代表大会常务委员会规定。
	第十五条 **国务院部门和省、自治区、直辖市人民政府及其有关部门应当定期组织评估行政处罚的实施情况和必要性，对不适当的行政处罚事项及种类、罚款数额等，应当提出修改或者废止的建议。**
第十四条 除~~本法第九条、第十条、第十一条、第十二条以及第十三条的规定~~外，其他规范性文件不得设定行政处罚。	第十六条 除**法律、法规、规章**外，其他规范性文件不得设定行政处罚。
第三章 行政处罚的实施机关	**第三章 行政处罚的实施机关**
第十五条 行政处罚由具有行政处罚权的行政机关在法定职权范围内实施。	第十七条 行政处罚由具有行政处罚权的行政机关在法定职权范围内实施。

续表

行政处罚法 2017 年修正	行政处罚法 2021 年修订
第十六条 国务院或者~~经国务院授权的~~省、自治区、直辖市人民政府可以决定一个行政机关行使有关行政机关的行政处罚权~~，但~~限制人身自由的行政处罚权只能由公安机关行使。	第十八条 **国家在城市管理、市场监管、生态环境、文化市场、交通运输、应急管理、农业等领域推行建立综合行政执法制度，相对集中行政处罚权。** 国务院或者省、自治区、直辖市人民政府可以决定一个行政机关行使有关行政机关的行政处罚权。 限制人身自由的行政处罚权只能由公安机关和**法律规定的其他机关**行使。
第十七条 法律、法规授权的具有管理公共事务职能的组织可以在法定授权范围内实施行政处罚。	第十九条 法律、法规授权的具有管理公共事务职能的组织可以在法定授权范围内实施行政处罚。
第十八条 行政机关依照法律、法规**或者**规章的规定，可以在其法定权限内委托符合本法第~~十九~~条规定条件的组织实施行政处罚。行政机关不得委托其他组织或者个人实施行政处罚。 委托行政机关对受委托的组织实施行政处罚的行为应当负责监督，并对该行为的后果承担法律责任。 受委托组织在委托范围内，以委托行政机关名义实施行政处罚；不得再委托其他**任何**组织或者个人实施行政处罚。	第二十条 行政机关依照法律、法规、规章的规定，可以在其法定权限内书面委托符合本法第**二十一**条规定条件的组织实施行政处罚。行政机关不得委托其他组织或者个人实施行政处罚。 **委托书应当载明委托的具体事项、权限、期限等内容。委托行政机关和受委托组织应当将委托书向社会公布。** 委托行政机关对受委托组织实施行政处罚的行为应当负责监督，并对该行为的后果承担法律责任。 受委托组织在委托范围内，以委托行政机关名义实施行政处罚；不得再委托其他组织或者个人实施行政处罚。

续表

行政处罚法 2017 年修正	行政处罚法 2021 年修订
第十九条 受委托组织必须符合以下条件： （一）依法成立的管理公共事务**的事业组织**； （二）**具**有熟悉有关法律、法规、规章和业务的工作人员； （三）**对违法行为**需要进行技术检查或者技术鉴定的，应当有条件组织进行相应的技术检查或者技术鉴定。	第二十一条 受委托组织必须符合以下条件： （一）依法成立**并具有**管理公共事务**职能**； （二）有熟悉有关法律、法规、规章和业务**并取得行政执法资格**的工作人员； （三）需要进行技术检查或者技术鉴定的，应当有条件组织进行相应的技术检查或者技术鉴定。
第四章　行政处罚的管辖和适用	**第四章　行政处罚的管辖和适用**
	第二十二条 **行政处罚由违法行为发生地的行政机关管辖。法律、行政法规、部门规章另有规定的，从其规定。**
第二十条 行政处罚**由违法行为发生地的**县级以上地方人民政府具有行政处罚权的行政机关管辖。法律、行政法规另有规定的**除外**。	第二十三条 行政处罚由县级以上地方人民政府具有行政处罚权的行政机关管辖。法律、行政法规另有规定的，**从其规定**。
	第二十四条 **省、自治区、直辖市根据当地实际情况，可以决定将基层管理迫切需要的县级人民政府部门的行政处罚权交由能够有效承接的乡镇人民政府、街道办事处行使，并定期组织评估。决定应当公布。** **承接行政处罚权的乡镇人民政府、街道办事处应当加强执法能力建设，按照规定范围、依照法定程序实施行政处罚。**

续表

行政处罚法 2017 年修正	行政处罚法 2021 年修订
	有关地方人民政府及其部门应当加强组织协调、业务指导、执法监督,建立健全行政处罚协调配合机制,完善评议、考核制度。
第二十一条 对管辖发生争议的,报请共同的上一级行政机关指定管辖。	第二十五条 **两个以上行政机关都有管辖权的,由最先立案的行政机关管辖。** 对管辖发生争议的,**应当协商解决,协商不成的,**报请共同的上一级行政机关指定管辖;**也可以直接由共同的上一级行政机关指定管辖。**
	第二十六条 **行政机关因实施行政处罚的需要,可以向有关机关提出协助请求。协助事项属于被请求机关职权范围内的,应当依法予以协助。**
第二十二条 违法行为**构成**犯罪的,行政机关**必须**将案件移送司法机关,依法追究刑事责任。	第二十七条 违法行为**涉嫌**犯罪的,行政机关**应当及时**将案件移送司法机关,依法追究刑事责任。**对依法不需要追究刑事责任或者免予刑事处罚,但应当给予行政处罚的,司法机关应当及时将案件移送有关行政机关。** **行政处罚实施机关与司法机关之间应当加强协调配合,建立健全案件移送制度,加强证据材料移交、接收衔接,完善案件处理信息通报机制。**

续表

行政处罚法 2017 年修正	行政处罚法 2021 年修订
第二十三条 行政机关实施行政处罚时，应当责令当事人改正或者限期改正违法行为。	第二十八条 行政机关实施行政处罚时，应当责令当事人改正或者限期改正违法行为。 **当事人有违法所得，除依法应当退赔的外，应当予以没收。违法所得是指实施违法行为所取得的款项。法律、行政法规、部门规章对违法所得的计算另有规定的，从其规定。**
第二十四条 对当事人的同一个违法行为，不得给予两次以上罚款的行政处罚。	第二十九条 对当事人的同一个违法行为，不得给予两次以上罚款的行政处罚。**同一个违法行为违反多个法律规范应当给予罚款处罚的，按照罚款数额高的规定处罚。**
第二十五条 不满十四周岁的人有违法行为的，不予行政处罚，责令监护人加以管教；已满十四周岁不满十八周岁的人有违法行为的，从轻或者减轻行政处罚。	第三十条 不满十四周岁的**未成年**人有违法行为的，不予行政处罚，责令监护人加以管教；已满十四周岁不满十八周岁的**未成年**人有违法行为的，**应当**从轻或者减轻行政处罚。
第二十六条 精神病人在不能辨认或者不能控制自己行为时有违法行为的，不予行政处罚，但应当责令其监护人严加看管和治疗。间歇性精神病人在精神正常时有违法行为的，应当给予行政处罚。	第三十一条 精神病人、**智力残疾人**在不能辨认或者不能控制自己行为时有违法行为的，不予行政处罚，但应当责令其监护人严加看管和治疗。间歇性精神病人在精神正常时有违法行为的，应当给予行政处罚。**尚未完全丧失辨认或者控制自己行为能力的精神病人、智力残疾人有违法行为的，可以从轻或者减轻行政处罚。**

续表

行政处罚法 2017 年修正	行政处罚法 2021 年修订
第二十七条 当事人有下列情形之一的，应当**依法**从轻或者减轻行政处罚： （一）主动消除或者减轻违法行为危害后果的； （二）受他人胁迫**有**违法行为的； （三）配合行政机关查处违法行为有立功表现的； （四）其他**依法**从轻或者减轻行政处罚的。 违法行为轻微并及时**纠**正，没有造成危害后果的，不予行政处罚。	第三十二条 当事人有下列情形之一，应当从轻或者减轻行政处罚： （一）主动消除或者减轻违法行为危害后果的； （二）受他人胁迫**或者诱骗实施**违法行为的； **（三）主动供述行政机关尚未掌握的违法行为的；** （四）配合行政机关查处违法行为有立功表现的； （五）**法律、法规、规章规定**其他**应当**从轻或者减轻行政处罚的。
	第三十三条 违法行为轻微并及时**改**正，没有造成危害后果的，不予行政处罚。**初次违法且危害后果轻微并及时改正的，可以不予行政处罚。** **当事人有证据足以证明没有主观过错的，不予行政处罚。法律、行政法规另有规定的，从其规定。** **对当事人的违法行为依法不予行政处罚的，行政机关应当对当事人进行教育。**
	第三十四条 **行政机关可以依法制定行政处罚裁量基准，规范行使行政处罚裁量权。行政处罚裁量基准应当向社会公布。**

续表

行政处罚法 2017 年修正	行政处罚法 2021 年修订
第二十八条 违法行为构成犯罪，人民法院判处拘役或者有期徒刑时，行政机关已经给予当事人行政拘留的，应当依法折抵相应刑期。 违法行为构成犯罪，人民法院判处罚金时，行政机关已经给予当事人罚款的，应当折抵相应罚金。	第三十五条 违法行为构成犯罪，人民法院判处拘役或者有期徒刑时，行政机关已经给予当事人行政拘留的，应当依法折抵相应刑期。 违法行为构成犯罪，人民法院判处罚金时，行政机关已经给予当事人罚款的，应当折抵相应罚金；**行政机关尚未给予当事人罚款的，不再给予罚款。**
第二十九条 违法行为在二年内未被发现的，不再给予行政处罚。法律另有规定的除外。 前款规定的期限，从违法行为发生之日起计算；违法行为有连续或者继续状态的，从行为终了之日起计算。	第三十六条 违法行为在二年内未被发现的，不再给予行政处罚；**涉及公民生命健康安全、金融安全且有危害后果的，上述期限延长至五年。**法律另有规定的除外。 前款规定的期限，从违法行为发生之日起计算；违法行为有连续或者继续状态的，从行为终了之日起计算。
	第三十七条 **实施行政处罚，适用违法行为发生时的法律、法规、规章的规定。但是，作出行政处罚决定时，法律、法规、规章已被修改或者废止，且新的规定处罚较轻或者不认为是违法的，适用新的规定。**
	第三十八条 **行政处罚没有依据或者实施主体不具有行政主体资格的，行政处罚无效。** **违反法定程序构成重大且明显违法的，行政处罚无效。**

续表

行政处罚法 2017 年修正	行政处罚法 2021 年修订
第五章　行政处罚的决定	第五章　行政处罚的决定
	第一节　一般规定
	第三十九条 **行政处罚的实施机关、立案依据、实施程序和救济渠道等信息应当公示。**
第三十条 公民、法人或者其他组织违反行政管理秩序的行为，依法应当给予行政处罚的，行政机关必须查明事实；违法事实不清的，不得给予行政处罚。	第四十条 公民、法人或者其他组织违反行政管理秩序的行为，依法应当给予行政处罚的，行政机关必须查明事实；违法事实不清、**证据不足**的，不得给予行政处罚。
	第四十一条 **行政机关依照法律、行政法规规定利用电子技术监控设备收集、固定违法事实的，应当经过法制和技术审核，确保电子技术监控设备符合标准、设置合理、标志明显，设置地点应当向社会公布。** **电子技术监控设备记录违法事实应当真实、清晰、完整、准确。行政机关应当审核记录内容是否符合要求；未经审核或者经审核不符合要求的，不得作为行政处罚的证据。** **行政机关应当及时告知当事人违法事实，并采取信息化手段或者其他措施，为当事人查询、陈述和申辩提供便利。不得限制或者变相限制当事人享有的陈述权、申辩权。**

续表

行政处罚法 2017 年修正	行政处罚法 2021 年修订
	第四十二条 **行政处罚应当由具有行政执法资格的执法人员实施。执法人员不得少于两人，法律另有规定的除外。** **执法人员应当文明执法，尊重和保护当事人合法权益。**
	第四十三条 **执法人员与案件有直接利害关系或者有其他关系可能影响公正执法的，应当回避。** **当事人认为执法人员与案件有直接利害关系或者有其他关系可能影响公正执法的，有权申请回避。** **当事人提出回避申请的，行政机关应当依法审查，由行政机关负责人决定。决定作出之前，不停止调查。**
第三十一条 行政机关在作出行政处罚决定之前，应当告知当事人作出行政处罚**决定的**事实、理由**及**依据，并告知当事人依法享有的权利。	第四十四条 行政机关在作出行政处罚决定之前，应当告知当事人**拟**作出**的**行政处罚**内容及**事实、理由、依据，并告知当事人依法享有的**陈述、申辩、要求听证等**权利。
第三十二条 当事人有权进行陈述和申辩。行政机关必须充分听取当事人的意见，对当事人提出的事实、理由和证据，应当进行复核；当事人提出的事实、理由或者证据成立的，行政机关应当采纳。	第四十五条 当事人有权进行陈述和申辩。行政机关必须充分听取当事人的意见，对当事人提出的事实、理由和证据，应当进行复核；当事人提出的事实、理由或者证据成立的，行政机关应当采纳。

续表

行政处罚法 2017 年修正	行政处罚法 2021 年修订
行政机关不得因当事人申辩而**加重**处罚。	行政机关不得因当事人**陈述、**申辩而**给予更重的**处罚。
	第四十六条 **证据包括:** **(一)书证;** **(二)物证;** **(三)视听资料;** **(四)电子数据;** **(五)证人证言;** **(六)当事人的陈述;** **(七)鉴定意见;** **(八)勘验笔录、现场笔录。** **证据必须经查证属实,方可作为认定案件事实的根据。** **以非法手段取得的证据,不得作为认定案件事实的根据。**
	第四十七条 **行政机关应当依法以文字、音像等形式,对行政处罚的启动、调查取证、审核、决定、送达、执行等进行全过程记录,归档保存。**
	第四十八条 **具有一定社会影响的行政处罚决定应当依法公开。** **公开的行政处罚决定被依法变更、撤销、确认违法或者确认无效的,行政机关应当在三日内撤回行政处罚决定信息并公开说明理由。**

续表

行政处罚法 2017 年修正	行政处罚法 2021 年修订
	第四十九条 **发生重大传染病疫情等突发事件，为了控制、减轻和消除突发事件引起的社会危害，行政机关对违反突发事件应对措施的行为，依法快速、从重处罚。**
	第五十条 **行政机关及其工作人员对实施行政处罚过程中知悉的国家秘密、商业秘密或者个人隐私，应当依法予以保密。**
第一节 简易程序	第**二**节 简易程序
第三十三条 违法事实确凿并有法定依据，对公民处以~~**五十**~~元以下、对法人或者其他组织处以~~**一千元**~~以下罚款或者警告的行政处罚的，可以当场作出行政处罚决定。~~**当事人应当依照本法第四十六条、第四十七条、第四十八条的规定履行行政处罚决定。**~~	第五十一条 违法事实确凿并有法定依据，对公民处以**二百**元以下、对法人或者其他组织处以**三千**元以下罚款或者警告的行政处罚的，可以当场作出行政处罚决定。**法律另有规定的，从其规定。**
第三十四条 执法人员当场作出行政处罚决定的，应当向当事人出示执法**身份**证件，填写预定格式、编有号码的行政处罚决定书。~~**行政处罚决定书应**~~**当**当场交付当事人。 前款规定的行政处罚决定书应当载明当事人的违法行为、行政处罚依据、罚款数额、时间、地点以及行政机关名称，并由执法人员签名或者盖章。 执法人员当场作出的行政处罚决定，**必须**报所属行政机关备案。	第五十二条 执法人员当场作出行政处罚决定的，应当向当事人出示执法证件，填写预定格式、编有号码的行政处罚决定书，**并**当场交付当事人。**当事人拒绝签收的，应当在行政处罚决定书上注明。** 前款规定的行政处罚决定书应当载明当事人的违法行为，行政处罚的**种类和**依据、罚款数额、时间、地点，**申请行政复议、提起行政诉讼的途径和期限**以及行政机关名称，并由执法人员签名或者盖章。

续表

行政处罚法 2017 年修正	行政处罚法 2021 年修订
	执法人员当场作出的行政处罚决定，**应当**报所属行政机关备案。
第三十五条 ~~**当事人**~~对当场作出的行政处罚决定~~**不服的，可以依法申请行政复议或者提起行政诉讼**~~。	第五十三条 对当场作出的行政处罚决定，**当事人应当依照本法第六十七条至第六十九条的规定履行。**
第二节　一般程序	第三节　**普通**程序
第三十六条 除本法第~~三十三~~条规定的可以当场作出的行政处罚外，行政机关发现公民、法人或者其他组织有依法应当给予行政处罚的行为的，必须全面、客观、公正地调查，收集有关证据；必要时，依照法律、法规的规定，可以进行检查。	第五十四条 除本法第**五十一**条规定的可以当场作出的行政处罚外，行政机关发现公民、法人或者其他组织有依法应当给予行政处罚的行为的，必须全面、客观、公正地调查，收集有关证据；必要时，依照法律、法规的规定，可以进行检查。 **符合立案标准的，行政机关应当及时立案。**
第三十七条 ~~**行政机关**~~在调查或者进行检查时，~~**执法人员不得少于两人，并**~~应当向当事人或者有关人员出示证件。当事人或者有关人员应当如实回答询问，并协助调查或者检查，不得阻挠。询问或者检查应当制作笔录。 行政机关在收集证据时，可以采取抽样取证的方法；在证据可能灭失或者以后难以取得的情况下，经行政机关负责人批准，可以先行登记保存，并应当在七日内及时作出处理决定，在此期间，当事人或者有关人员不得销毁或者转移证据。 ~~**执法人员与当事人有直接利害关系的，应当回避**~~。	第五十五条 **执法人员**在调查或者进行检查时，应当**主动**向当事人或者有关人员出示**执法**证件。**当事人或者有关人员有权要求执法人员出示执法证件。执法人员不出示执法证件的，当事人或者有关人员有权拒绝接受调查或者检查。** 当事人或者有关人员应当如实回答询问，并协助调查或者检查，不得**拒绝或者**阻挠。询问或者检查应当制作笔录。 第五十六条 行政机关在收集证据时，可以采取抽样取证的方法；在证据可能灭失或者以后难以取得的情况下，经行政机关负责人批准，可以先行

续表

行政处罚法 2017 年修正	行政处罚法 2021 年修订
	登记保存，并应当在七日内及时作出处理决定，在此期间，当事人或者有关人员不得销毁或者转移证据。
第三十八条 调查终结，行政机关负责人应当对调查结果进行审查，根据不同情况，分别作出如下决定： （一）确有应受行政处罚的违法行为的，根据情节轻重及具体情况，作出行政处罚决定； （二）违法行为轻微，依法可以不予行政处罚的，不予行政处罚； （三）违法事实不能成立的，不**得**给予行政处罚； （四）违法行为**已构成**犯罪的，移送司法机关。 对情节复杂或者重大违法行为给予**较重的**行政处罚，行政机关的负责人应当集体讨论决定。	第五十七条 调查终结，行政机关负责人应当对调查结果进行审查，根据不同情况，分别作出如下决定： （一）确有应受行政处罚的违法行为的，根据情节轻重及具体情况，作出行政处罚决定； （二）违法行为轻微，依法可以不予行政处罚的，不予行政处罚； （三）违法事实不能成立的，不**予**行政处罚； （四）违法行为**涉嫌**犯罪的，移送司法机关。 对情节复杂或者重大违法行为给予行政处罚，行政机关负责人应当集体讨论决定。
在行政机关负责人作出决定之前，应当由从事行政处罚决定审核的人员进行审核。行政机关中初次从事行政处罚决定审核的人员，应当通过国家统一法律职业资格考试取得法律职业资格。	第五十八条 **有下列情形之一，**在行政机关负责人作出**行政处罚的**决定之前，应当由从事行政处罚决定**法制**审核的人员进行**法制**审核**；未经法制审核或者审核未通过的，不得作出决定：** **（一）涉及重大公共利益的；** **（二）直接关系当事人或者第三人重大权益，经过听证程序的；** **（三）案件情况疑难复杂、涉及多个法律关系的；** **（四）法律、法规规定应当进行法制审核的其他情形。**

续表

行政处罚法 2017 年修正	行政处罚法 2021 年修订
	行政机关中初次从事行政处罚决定**法制**审核的人员，应当通过国家统一法律职业资格考试取得法律职业资格。
第三十九条 行政机关依照本法第**~~三十八~~**条的规定给予行政处罚，应当制作行政处罚决定书。行政处罚决定书应当载明下列事项： （一）当事人的姓名或者名称、地址； （二）违反法律、法规**或者**规章的事实和证据； （三）行政处罚的种类和依据； （四）行政处罚的履行方式和期限； （五）**~~不服行政处罚决定，~~**申请行政复议**或者**提起行政诉讼的途径和期限； （六）作出行政处罚决定的行政机关名称和作出决定的日期。 行政处罚决定书必须盖有作出行政处罚决定的行政机关的印章。	第五十九条 行政机关依照本法第**五十七**条的规定给予行政处罚，应当制作行政处罚决定书。行政处罚决定书应当载明下列事项： （一）当事人的姓名或者名称、地址； （二）违反法律、法规、规章的事实和证据； （三）行政处罚的种类和依据； （四）行政处罚的履行方式和期限； （五）申请行政复议、提起行政诉讼的途径和期限； （六）作出行政处罚决定的行政机关名称和作出决定的日期。 行政处罚决定书必须盖有作出行政处罚决定的行政机关的印章。
	第六十条 **行政机关应当自行政处罚案件立案之日起九十日内作出行政处罚决定。法律、法规、规章另有规定的，从其规定。**

续表

行政处罚法 2017 年修正	行政处罚法 2021 年修订
第四十条 行政处罚决定书应当在宣告后当场交付当事人；当事人不在场的，行政机关应当在七日内依照**民事诉讼法**的有关规定，将行政处罚决定书送达当事人。	第六十一条 行政处罚决定书应当在宣告后当场交付当事人；当事人不在场的，行政机关应当在七日内依照**《中华人民共和国民事诉讼法》**的有关规定，将行政处罚决定书送达当事人。 **当事人同意并签订确认书的，行政机关可以采用传真、电子邮件等方式，将行政处罚决定书等送达当事人。**
第四十一条 行政机关及其执法人员在作出行政处罚决定之前，**不**依照本法第**~~三十一~~**条、第**~~三十二~~**条的规定向当事人告知**~~给予~~**行政处罚**的**事实、理由**和**依据，或者拒绝听取当事人的陈述、申辩，**~~行政处罚决定不能成立~~**；当事人放弃陈述或者申辩权利的除外。	第六十二条 行政机关及其执法人员在作出行政处罚决定之前，**未**依照本法第**四十四**条、第**四十五**条的规定向当事人告知**拟作出的**行政处罚**内容及**事实、理由、依据，或者拒绝听取当事人的陈述、申辩，**不得作出行政处罚决定**；当事人**明确**放弃陈述或者申辩权利的除外。
第三节　听证程序	第**四**节　听证程序
第四十二条 行政机关作出责令停产停业、吊销许可证**~~或者执照~~**、较大数额罚款等行政处罚决定之前，应当告知当事人有要求**~~举行~~**听证的权利；当事人要求听证的，行政机关应当组织听证。当事人不承担行政机关组织听证的费用。听证依照以下程序组织： （一）当事人要求听证的，应当在行政机关告知后**~~三日~~**内提出； （二）行政机关应当在听证的七	第六十三条 行政机关**拟**作出下列行政处罚决定，应当告知当事人有要求听证的权利，当事人要求听证的，行政机关应当组织听证： （一）较大数额罚款； **（二）没收较大数额违法所得、没收较大价值非法财物；** （三）**降低资质等级**、吊销许可证件； （四）责令停产停业、**责令关闭、限制从业**；

续表

行政处罚法 2017 年修正	行政处罚法 2021 年修订
日前，通知当事人**举行**听证的时间、地点； （三）除涉及国家秘密、商业秘密或者个人隐私外，听证公开举行； （四）听证由行政机关指定的非本案调查人员主持；当事人认为主持人与本案有直接利害关系的，有权申请回避； （五）当事人可以亲自参加听证，也可以委托一至二人代理； （六）举行听证时，调查人员提出当事人违法的事实、证据和行政处罚建议；当事人进行申辩和质证； （七）听证应当制作笔录~~；~~笔录应当交当事人**审核**无误后签字或者盖章。 ~~**当事人对限制人身自由的行政处罚有异议的，依照治安管理处罚法有关规定执行。**~~	**（五）其他较重的行政处罚；** **（六）法律、法规、规章规定的其他情形。** 当事人不承担行政机关组织听证的费用。
	第六十四条 听证**应当**依照以下程序组织： （一）当事人要求听证的，应当在行政机关告知后**五日**内提出； （二）行政机关应当在**举行**听证的七日前，通知当事人**及有关人员**听证的时间、地点； （三）除涉及国家秘密、商业秘密或者个人隐私**依法予以保密**外，听证公开举行； （四）听证由行政机关指定的非本案调查人员主持；当事人认为主持人与本案有直接利害关系的，有权申请回避； （五）当事人可以亲自参加听证，也可以委托一至二人代理； **（六）当事人及其代理人无正当理由拒不出席听证或者未经许可中途退出听证的，视为放弃听证权利，行政机关终止听证；** （七）举行听证时，调查人员提出当事人违法的事实、证据和行政处罚建议，当事人进行申辩和质证； （八）听证应当制作笔录。笔录应当交当事人**或者其代理人核对**无误后签字或者盖章。**当事人或者其代理人拒绝签字或者盖章的，由听证主持人在笔录中注明。**

续表

行政处罚法 2017 年修正	行政处罚法 2021 年修订
第四十三条 听证结束后,行政机关依照本法第~~三十八~~条的规定,作出决定。	第六十五条 听证结束后,行政机关**应当根据听证笔录**,依照本法第**五十七**条的规定,作出决定。
第六章 行政处罚的执行	**第六章 行政处罚的执行**
第四十四条 行政处罚决定依法作出后,当事人应当在行政处罚决定的期限内,予以履行。	第六十六条 行政处罚决定依法作出后,当事人应当在行政处罚决定**书载明**的期限内,予以履行。 **当事人确有经济困难,需要延期或者分期缴纳罚款的,经当事人申请和行政机关批准,可以暂缓或者分期缴纳。**
~~**第四十五条**~~ ~~**当事人对行政处罚决定不服申请行政复议或者提起行政诉讼的,行政处罚不停止执行,法律另有规定的除外。**~~	
第四十六条 作出罚款决定的行政机关应当与收缴罚款的机构分离。 除依照本法第~~四十七~~条、第~~四十八~~条的规定当场收缴的罚款外,作出行政处罚决定的行政机关及其执法人员不得自行收缴罚款。 当事人应当自收到行政处罚决定书之日起十五日内,到指定的银行缴纳罚款。银行应当收受罚款,并将罚款直接上缴国库。	第六十七条 作出罚款决定的行政机关应当与收缴罚款的机构分离。 除依照本法第**六十八**条、第**六十九**条的规定当场收缴的罚款外,作出行政处罚决定的行政机关及其执法人员不得自行收缴罚款。 当事人应当自收到行政处罚决定书之日起十五日内,到指定的银行**或者通过电子支付系统**缴纳罚款。银行应当收受罚款,并将罚款直接上缴国库。

续表

行政处罚法 2017 年修正	行政处罚法 2021 年修订
第四十七条 依照本法第~~三十三~~条的规定当场作出行政处罚决定，有下列情形之一**的**，执法人员可以当场收缴罚款： （一）依法给予~~二十~~元以下的罚款的； （二）不当场收缴事后难以执行的。	第六十八条 依照本法第**五十一**条的规定当场作出行政处罚决定，有下列情形之一，执法人员可以当场收缴罚款： （一）依法给予**一百**元以下罚款的； （二）不当场收缴事后难以执行的。
第四十八条 在边远、水上、交通不便地区，行政机关及其执法人员依照本法第~~三十三~~条、第~~三十八~~条的规定作出罚款决定后，当事人**向**指定的银行缴纳罚款确有困难，经当事人提出，行政机关及其执法人员可以当场收缴罚款。	第六十九条 在边远、水上、交通不便地区，行政机关及其执法人员依照本法第**五十一**条、第**五十七**条的规定作出罚款决定后，当事人**到**指定的银行**或者通过电子支付系统**缴纳罚款确有困难，经当事人提出，行政机关及其执法人员可以当场收缴罚款。
第四十九条 行政机关及其执法人员当场收缴罚款的，必须向当事人出具省、自治区、直辖市财政部门统一制发的~~罚款收据~~；不出具财政部门统一制发的~~罚款收据~~的，当事人有权拒绝缴纳罚款。	第七十条 行政机关及其执法人员当场收缴罚款的，必须向当事人出具**国务院财政部门或者**省、自治区、直辖市**人民政府**财政部门统一制发的**专用票据**；不出具财政部门统一制发的**专用票据**的，当事人有权拒绝缴纳罚款。
第五十条 执法人员当场收缴的罚款，应当自收缴罚款之日起二日内，交至行政机关；在水上当场收缴的罚款，应当自抵岸之日起二日内交至行政机关；行政机关应当在二日内将罚款缴付指定的银行。	第七十一条 执法人员当场收缴的罚款，应当自收缴罚款之日起二日内，交至行政机关；在水上当场收缴的罚款，应当自抵岸之日起二日内交至行政机关；行政机关应当在二日内将罚款缴付指定的银行。

续表

行政处罚法 2017 年修正	行政处罚法 2021 年修订
第五十一条 当事人逾期不履行行政处罚决定的，作出行政处罚决定的行政机关可以采取下列措施： （一）到期不缴纳罚款的，每日按罚款数额的百分之三加处罚款； （二）根据法律规定，将查封、扣押的财物拍卖或者将冻结的存款划拨抵缴罚款； （三）申请人民法院强制执行。	第七十二条 当事人逾期不履行行政处罚决定的，作出行政处罚决定的行政机关可以采取下列措施： （一）到期不缴纳罚款的，每日按罚款数额的百分之三加处罚款，**加处罚款的数额不得超出罚款的数额**； （二）根据法律规定，将查封、扣押的财物拍卖、**依法处理**或者将冻结的存款、**汇款**划拨抵缴罚款； **（三）根据法律规定，采取其他行政强制执行方式；** （四）**依照《中华人民共和国行政强制法》的规定**申请人民法院强制执行。 **行政机关批准延期、分期缴纳罚款的，申请人民法院强制执行的期限，自暂缓或者分期缴纳罚款期限结束之日起计算。**
~~第五十二条~~ ~~**当事人确有经济困难，需要延期或者分期缴纳罚款的，经当事人申请和行政机关批准，可以暂缓或者分期缴纳。**~~	
	第七十三条 **当事人对行政处罚决定不服，申请行政复议或者提起行政诉讼的，行政处罚不停止执行，法律另有规定的除外。** **当事人对限制人身自由的行政处罚决定不服，申请行政复议或者提起行政诉讼的，可以向作出决定的机关提出暂缓执行申请。符合法律规定情形的，应当暂缓执行。**

续表

行政处罚法 2017 年修正	行政处罚法 2021 年修订
	当事人申请行政复议或者提起行政诉讼的，加处罚款的数额在行政复议或者行政诉讼期间不予计算。
第五十三条 除依法应当予以销毁的物品外，依法没收的非法财物必须按照国家规定公开拍卖或者按照国家有关规定处理。 罚款、没收违法所得或者没收非法财物拍卖的款项，必须全部上缴国库，任何行政机关或者个人不得以任何形式截留、私分或者变相私分；财政部门不得以任何形式向作出行政处罚决定的行政机关返还罚款、没收的违法所得或者**返还**没收非法财物**的**拍卖款项。	第七十四条 除依法应当予以销毁的物品外，依法没收的非法财物必须按照国家规定公开拍卖或者按照国家有关规定处理。 罚款、没收的违法所得或者没收非法财物拍卖的款项，必须全部上缴国库，任何行政机关或者个人不得以任何形式截留、私分或者变相私分。 **罚款、没收的违法所得或者没收非法财物拍卖的款项，不得同作出行政处罚决定的行政机关及其工作人员的考核、考评直接或者变相挂钩。除依法应当退还、退赔的外，**财政部门不得以任何形式向作出行政处罚决定的行政机关返还罚款、没收的违法所得或者没收非法财物拍卖**的**款项。
第五十四条 行政机关应当建立健全对行政处罚的监督制度。县级以上人民政府应当加强对行政处罚的监督检查。 公民、法人或者其他组织对行政机关**作出的**行政处罚，有权申诉或者检举；行政机关应当认真审查，发现**行政处罚**有错误的，应当主动改正。	第七十五条 行政机关应当建立健全对行政处罚的监督制度。县级以上人民政府应当**定期组织开展行政执法评议、考核**，加强对行政处罚的监督检查，**规范和保障行政处罚的实施**。 **行政机关实施行政处罚应当接受社会监督。**公民、法人或者其他组织对行政机关**实施**行政处罚

续表

行政处罚法 2017 年修正	行政处罚法 2021 年修订
	的行为,有权申诉或者检举;行政机关应当认真审查,发现有错误的,应当主动改正。
第七章 法律责任	**第七章 法律责任**
第五十五条 行政机关实施行政处罚,有下列情形之一的,由上级行政机关或者有关**部门**责令改正,**可以**对直接负责的主管人员和其他直接责任人员依法给予**行政**处分: (一)没有法定的行政处罚依据的; (二)擅自改变行政处罚种类、幅度的; (三)违反法定的行政处罚程序的; (四)违反本法第**十八**条关于委托处罚的规定的。	第七十六条 行政机关实施行政处罚,有下列情形之一,由上级行政机关或者有关**机关**责令改正,对直接负责的主管人员和其他直接责任人员依法给予处分: (一)没有法定的行政处罚依据的; (二)擅自改变行政处罚种类、幅度的; (三)违反法定的行政处罚程序的; (四)违反本法第**二十**条关于委托处罚的规定的; **(五)执法人员未取得执法证件的。** **行政机关对符合立案标准的案件不及时立案的,依照前款规定予以处理。**
第五十六条 行政机关对当事人进行处罚不使用罚款、没收财物单据或者使用非法定部门制发的罚款、没收财物单据的,当事人有权拒绝**处罚**,并有权予以检举**。**上级行政机关或者有关**部门**对使用的非法单据予以收缴销毁,对直接负责的主管人员和其他直接责任人员依法给予**行政**处分。	第七十七条 行政机关对当事人进行处罚不使用罚款、没收财物单据或者使用非法定部门制发的罚款、没收财物单据的,当事人有权拒绝,并有权予以检举**,由**上级行政机关或者有关**机关**对使用的非法单据予以收缴销毁,对直接负责的主管人员和其他直接责任人员依法给予处分。

续表

行政处罚法 2017 年修正	行政处罚法 2021 年修订
第五十七条 行政机关违反本法第**~~四十六~~**条的规定自行收缴罚款的，财政部门违反本法第**~~五十三~~**条的规定向行政机关返还罚款或者拍卖款项的，由上级行政机关或者有关**~~部门~~**责令改正，对直接负责的主管人员和其他直接责任人员依法给予**行政**处分。	第七十八条 行政机关违反本法第**六十七**条的规定自行收缴罚款的，财政部门违反本法第**七十四**条的规定向行政机关返还罚款、**没收的违法所得**或者拍卖款项的，由上级行政机关或者有关**机关**责令改正，对直接负责的主管人员和其他直接责任人员依法给予处分。
第五十八条 行政机关**~~将罚款、没收的违法所得或者财物~~**截留、私分或者变相私分的，由财政部门或者有关**~~部门~~**予以追缴，对直接负责的主管人员和其他直接责任人员依法给予**行政**处分；情节严重构成犯罪的，依法追究刑事责任。 执法人员利用职务上的便利，索取或者收受他人财物、收缴罚款据为己有，构成犯罪的，依法追究刑事责任；情节轻微不构成犯罪的，依法给予**行政**处分。	第七十九条 行政机关截留、私分或者变相私分**罚款、没收的违法所得或者财物**的，由财政部门或者有关**机关**予以追缴，对直接负责的主管人员和其他直接责任人员依法给予处分；情节严重构成犯罪的，依法追究刑事责任。 执法人员利用职务上的便利，索取或者收受他人财物、**将**收缴罚款据为己有，构成犯罪的，依法追究刑事责任；情节轻微不构成犯罪的，依法给予处分。
第五十九条 行政机关使用或者损毁扣押的财物，对当事人造成损失的，应当依法予以赔偿，对直接负责的主管人员和其他直接责任人员依法给予**行政**处分。	第八十条 行政机关使用或者损毁**查封、**扣押的财物，对当事人造成损失的，应当依法予以赔偿，对直接负责的主管人员和其他直接责任人员依法给予处分。

续表

行政处罚法 2017 年修正	行政处罚法 2021 年修订
第六十条 行政机关违法实行检查措施或者执行措施，给公民人身或者财产造成损害、给法人或者其他组织造成损失的，应当依法予以赔偿，对直接负责的主管人员和其他直接责任人员依法给予**行政**处分；情节严重构成犯罪的，依法追究刑事责任。	第八十一条 行政机关违法实施检查措施或者执行措施，给公民人身或者财产造成损害、给法人或者其他组织造成损失的，应当依法予以赔偿，对直接负责的主管人员和其他直接责任人员依法给予处分；情节严重构成犯罪的，依法追究刑事责任。
第六十一条 行政机关~~为牟取本单位私利，~~对应当依法移交司法机关追究刑事责任的不移交，以行政处罚代替刑罚，由上级行政机关或者有关**部门**责令**纠**正~~；拒不纠正的~~，对直接负责的主管人员给予**行政**处分~~；徇私舞弊、包庇纵容违法行为的，依照刑法有关规定~~追究刑事责任。	第八十二条 行政机关对应当依法移交司法机关追究刑事责任的**案件**不移交，以行政处罚代替刑事处罚，由上级行政机关或者有关**机关**责令**改**正，对直接负责的主管人员**和其他直接责任人员依法**给予处分；**情节严重构成犯罪**的，**依法**追究刑事责任。
第六十二条 ~~执法人员玩忽职守，~~对应当予以制止和处罚的违法行为不予制止、处罚，致使公民、法人或者其他组织的合法权益、公共利益和社会秩序遭受损害的，对直接负责的主管人员和其他直接责任人员依法给予**行政**处分；情节严重构成犯罪的，依法追究刑事责任。	第八十三条 **行政机关**对应当予以制止和处罚的违法行为不予制止、处罚，致使公民、法人或者其他组织的合法权益、公共利益和社会秩序遭受损害的，对直接负责的主管人员和其他直接责任人员依法给予处分；情节严重构成犯罪的，依法追究刑事责任。
第八章　附则	**第八章　附则**
	第八十四条 **外国人、无国籍人、外国组织在中华人民共和国领域内有违法行为，应当给予行政处罚的，适用本法，法律另有规定的除外。**

续表

行政处罚法 2017 年修正	行政处罚法 2021 年修订
	第八十五条 **本法中“二日”“三日”“五日”“七日”的规定是指工作日，不含法定节假日。**
~~**第六十三条**~~ ~~**本法第四十六条罚款决定与罚款收缴分离的规定，由国务院制定具体实施办法。**~~	
第六十四条 本法自~~**1996 年 10 月 1 日**~~起施行。 ~~**本法公布前制定的法规和规章关于行政处罚的规定与本法不符合的，应当自本法公布之日起，依照本法规定予以修订，在 1997 年 12 月 31 日前修订完毕。**~~	第八十六条 本法自**2021 年 7 月 15 日**起施行。

附录三

行政处罚法律文书

《行政处罚事先告知书》(符合听证条件)

行政处罚事先告知书

××××罚字(　)号

(当事人姓名或单位名称)

住址:________________

经调查,你单位(或个人)的以下行为:____________________________,违反了《________________________》第×条第×款第×项规定,属于______________________________行为。

依据《______________________________》第×条第×款第×项规定,拟作以下处罚:____。

根据《中华人民共和国行政处罚法》第四十四条和第六十三条规定,你单位(或个人)若对本处罚意见有异议的,请于收到本通知之日起×日内提出陈述和申辩;需要听证的,请于五日内提出听证要求。无正当理由逾期不提出陈述和申辩,或者不提出听证要求的,视为放弃该权利。

执法机关名称:××××××××
执法机关地址:××××××××
邮政编码:××××××
联系人:×××
联系电话:××××××××

(印章)
年　月　日

(本通知一式两份,一份作备案存根)

《行政处罚事先告知书》(不符合听证条件)

行政处罚事先告知书

××××罚字(　)号

<u>(当事人姓名或单位名称)</u>

住址:________________________

经调查,你单位(或个人)的以下行为:____,违反了《____________________________》第×条第×款第×项规定,属于____________________________________行为。

依据《________________________》第×条第×款第×项规定,拟作以下处罚:________________________________。

根据《中华人民共和国行政处罚法》第四十四条规定,你单位(或个人)若对本处罚意见有异议的,请于收到本通知之日起×日内提出陈述和申辩。无正当理由逾期不提出陈述和申辩的,视为放弃该权利。

执法机关名称:××××××××

执法机关地址:××××××××

邮政编码:××××××

联系人:×××

联系电话:××××××××

(印章)

年　月　日

(本通知一式两份,一份作备案存根)

《行政处罚听证通知书》

行政处罚听证通知书

××××听字(　)号

(当事人或单位法定代表人)

住址:________________________________

你单位(或个人)关于____
________________一案,现定于××××年×月×日×时×分在______
________________________(公开/不公开)举行听证会。

听证会主持人:×××;职务××××。

听证会记录人:×××;职务××××。

你或委托代理人应当准时出席,逾期不出席的,视为放弃听证要求。

委托代理人出席的,应当提交当事人签名/盖章的授权委托书。

根据《中华人民共和国行政处罚法》第六十四条规定,你申请听证主持人回避的,应当在接到本通知之日起×日内提出并说明理由。

特此通知

执法机关名称:××××××××
执法机关地址:××××××××
联系人:×××
联系电话:××××××××

(印章)

年　月　日

(本通知一式两份,一份作备案存根)

《行政处罚听证笔录》

行政处罚听证笔录

（共×页）

听证案件：______________________

听证时间：______________________

听证地点：______________________

听证主持人：（姓名/单位/职务）

听证记录人：（姓名/单位/职务）

听证记录人：（姓名/单位/职务）

案件调查人：（姓名/单位/职务）

当事人：（姓名/单位/职务或单位/地址）

委托代理人：（姓名/单位/职务）

（听证会内容）

____

____

____

（主持人/参加人签名）

《行政处罚决定书》（复议前置案件）

行政处罚决定书

××××罚字（　　）号

<u>（当事人姓名或单位名称）</u>

法定代表人：________________________

单位住址：________________________

经查明，当事人<u>（违法事实）</u>________________________

____。

这些行为违反了《　　　　　》第×条规定，属于<u>（违法定性）</u>________

________________。现依据《　　　　　》第×条规定，决定给予以下处罚：

____。

你对本处罚决定不服的，可以在收到本通知之日起×日内向________

________________申请复议。逾期不申请复议，又不履行本处罚决定的，本机关将申请人民法院强制执行或者依法强制执行。

执法机关名称

（印章）

年　月　日

（可根据需要制作原件若干份，至少一份作备案存根）

《行政处罚决定书》(复议选择案件)

行政处罚决定书

××××罚字(　　)号

(当事人姓名或单位名称)

法定代表人:______________________

单位住址:______________________

经查明,当事人(违法事实)______________________

______________________。

这些行为违反了《　　　　》第×条规定,属于(违法定性)______________________。现依据《　　　　》第×条规定,决定给予以下处罚:

______________________。

你对本处罚决定不服的,可以在收到本通知之日起×日内向______________________申请复议,或者在×个月内向人民法院提起诉讼。

逾期不申请复议或提起诉讼,又不履行本处罚决定的,本机关将申请人民法院强制执行或者依法强制执行。

执法机关名称

(印章)

年　月　日

(可根据需要制作原件若干份,至少一份作备案存根)

图书在版编目(CIP)数据

《行政处罚法》通识十讲 / 胡建淼著. -- 北京 : 法律出版社, 2021(2021.12 重印)
ISBN 978-7-5197-5441-9

Ⅰ. ①行… Ⅱ. ①胡… Ⅲ. ①行政处罚法－中国－通俗读物 Ⅳ. ①D922.112.5

中国版本图书馆 CIP 数据核字(2021)第 045545 号

《行政处罚法》通识十讲
《XINGZHENG CHUFAFA》TONGSHI SHIJIANG

胡建淼 著

责任编辑 陈 慧
装帧设计 凌点工作室

出版发行 法律出版社
编辑统筹 法律教育出版分社
责任校对 王晓萍 王语童
责任印制 胡晓雅
经 销 新华书店

开本 A5
印张 8 **字数** 150 千
版本 2021 年 4 月第 1 版
印次 2021 年 12 月第 2 次印刷
印刷 北京中科印刷有限公司

地址:北京市丰台区莲花池西里 7 号(100073)
网址:www.lawpress.com.cn
投稿邮箱:info@lawpress.com.cn
举报盗版邮箱:jbwq@lawpress.com.cn
销售电话:010-83938349
客服电话:010-83938350
咨询电话:010-63939796

书号:ISBN 978-7-5197-5441-9
定价:32.00 元

凡购买本社图书,如有印装错误,我社负责退换。电话:010-83938349